FACULTÉ DE DROIT DE POITIERS.

THÈSE
POUR LE DOCTORAT.

PRINCIPES THÉORIQUES
DE LA

PUISSANCE MARITALE

CHEZ LES ROMAINS

ET DANS LE DROIT CIVIL FRANÇAIS.

LA THÈSE SUR LES MATIÈRES CI-DESSUS SERA SOUTENUE LE JEUDI 4 JUILLET 1867, DANS LA SALLE DES ACTES PUBLICS DE LA FACULTÉ, A DEUX HEURES DU SOIR

PAR

XAVIER DELOZE.

POITIERS
TYPOGRAPHIE DE HENRI OUDIN
RUE DE L'ÉPERON, 4.

1867

FACULTÉ DE DROIT DE POITIERS.

THÈSE

POUR LE DOCTORAT.

PRINCIPES THÉORIQUES

DE LA

PUISSANCE MARITALE

CHEZ LES ROMAINS

ET DANS LE DROIT CIVIL FRANÇAIS.

LA THÈSE SUR LES MATIÈRES CI-DESSUS SERA SOUTENUE LE JEUDI 4 JUILLET
1866, DANS LA SALLE DES ACTES PUBLICS DE LA FACULTÉ,
A DEUX HEURES DU SOIR

PAR

XAVIER DELOZE.

POITIERS

TYPOGRAPHIE DE HENRI OUDIN

RUE DE L'ÉPERON, 4.

1867

COMMISSION :

Président, M. Martial PERVINQUIÈRE.

Suffragants :
{
M. Abel PERVINQUIÈRE ✻.
M. FEY ✻.
M. DUCROCQ.
} Professeurs.

M. BAUDRY-LACANTINERIE Agrégé.

Vu par le Président de l'acte ,
Martial PERVINQUIÈRE.

Vu : Le Doyen,
BOURBEAU ✻.

Vu par le Recteur :
MAGIN ✻.

« Les visa exigés par les règlements sont une garantie des principes
« et des opinions relatives à la religion, à l'ordre public et aux bonnes
« mœurs (Statut du 9 avril 1825, art. 41), mais non des opinions pure-
« ment juridiques, dont la responsabilité est laissée aux candidats. »
« Le candidat répondra en outre aux questions qui lui seront faites
« sur les autres matières de l'enseignement. »

A MES PARENTS.

—————

A MES AMIS.

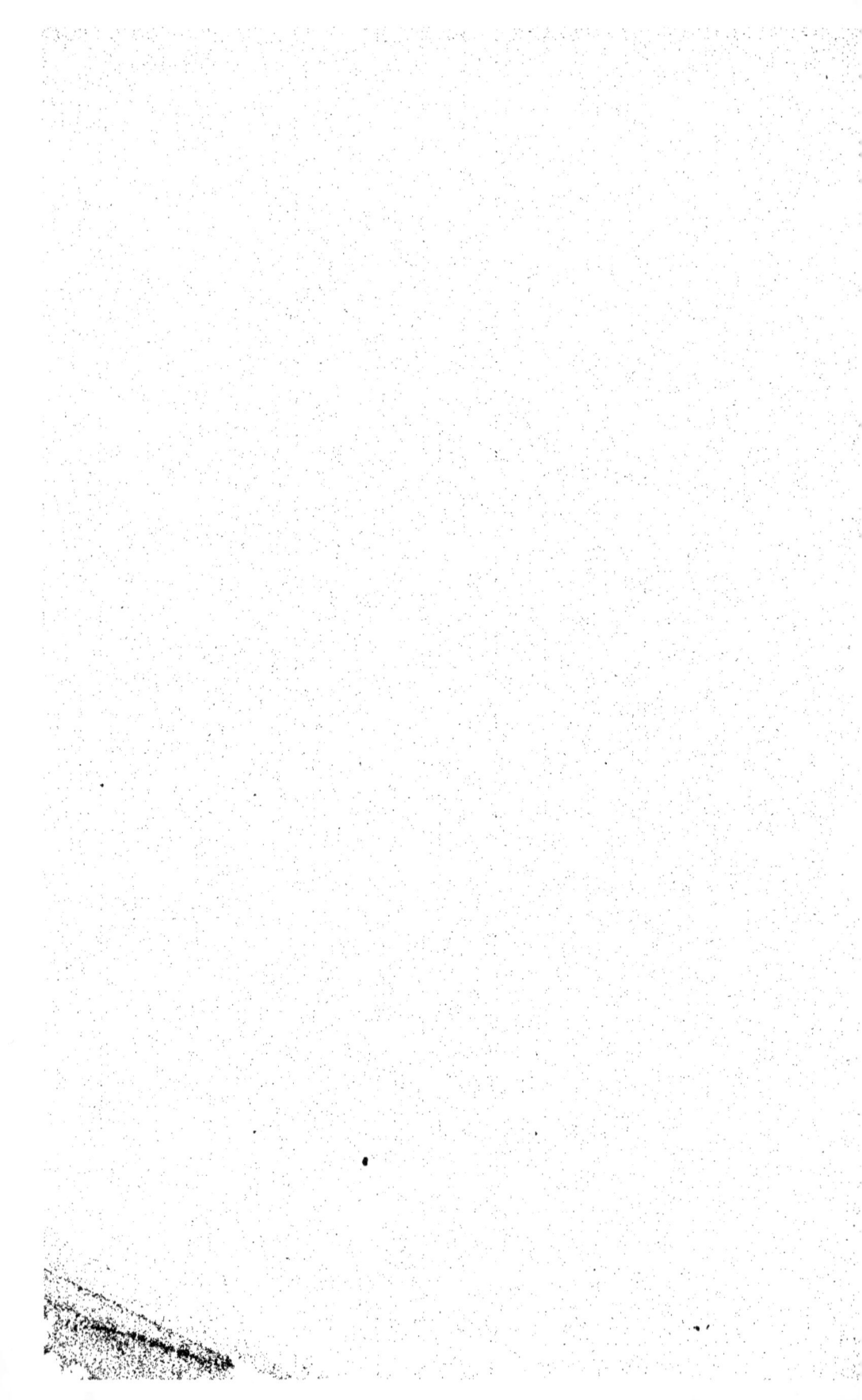

PREMIÈRE PARTIE.

DE LA PUISSANCE MARITALE

CHEZ LES ROMAINS.

PRÉLIMINAIRES.

IDÉE DE LA PUISSANCE MARITALE; SON FONDEMENT PHILOSO-
PHIQUE, SA DÉFINITION. — TABLEAU DE LA FAMILLE RO-
MAINE.

On a dit souvent que les états avaient leur plus
ferme soutien dans la famille; or, la famille elle-
même trouve son appui, sa sauvegarde et sa force
dans la puissance maritale.

Une association qui doit vivre au contact des hommes, à travers le froissement continuel des intérêts,
qui a des personnes à défendre, des outrages à venger,
des biens à administrer, des dommages à réparer, des
injustices à réprimer, périrait infailliblement sans un
pouvoir directeur soigneux et fort. La famille est une
société de ce genre, et le pouvoir qui la dirige, qui
guérit ses blessures et la préserve des périls, c'est la
puissance maritale.

Quelque système que l'on suive sur sa formation et ses caractères, qu'on la confie uniquement au mari ou que la femme y participe dans une certaine mesure, il faut qu'elle existe; le maintien de la famille est à ce prix. La puissance paternelle apparaît aussi dans la société domestique; mais cette autorité ne s'étend ni sur la femme, ni sur ses biens. Je sais qu'à Rome la puissance maritale n'était que le développement de la puissance paternelle; le chef du foyer domestique avait en son pouvoir sa femme à titre de fille; mais là n'est pas, ce me semble, la vérité. Disons plutôt que la puissance du mari est le pouvoir primordial qui accompagne le mariage immédiatement et s'étend plus tard sur les enfants sous le nom de puissance paternelle. Ainsi considérée, l'autorité maritale se place au premier rang des institutions civiles, sollicitant également l'attention des jurisconsultes et la vigilance des législateurs.

Avant d'aborder la puissance maritale dans l'ancienne Rome, je l'examinerai brièvement au point de vue purement rationnel.

Dans toutes les législations et à toutes les époques, la direction de la société conjugale a été confiée au mari; mais, sans préjuger la solution ultérieure de la question, il est permis de se demander si cette suprématie de l'homme est légitime. Le témoignage de l'histoire, peut-on dire, quelque imposant qu'il soit, n'est pas une preuve sans réplique, et l'on a vu souvent des erreurs nées au berceau de l'humanité, admises comme axiomes durant des siècles, recevoir tout à coup un éclatant et victorieux démenti. En serait-il de même de la puissance maritale? La priorité de l'homme dans la famille serait-elle un préjugé chimérique, indigne des esprits généreux comme d'un siècle civilisé? La question est grave et mérite examen.

Il est d'abord une idée que je crois radicalement fausse et que je dois repousser : c'est cette tendance qui consisterait à faire de l'homme et de la femme deux êtres non pas seulement différents, mais inégaux.

Si je ne me trompe, des législateurs en grand nombre et de tous les temps ont nourri cette secrète pensée. Sans doute, les documents législatifs ne discutent pas le problème; les lois posent des règles et ne dissertent pas ; mais cette opinion semble découler de certaines dispositions légales trop exclusivement conçues à l'avantage de l'homme. Quoi d'étonnant, d'ailleurs, que cette idée ait germé dans l'esprit des législateurs, lorsqu'à toutes les époques des écrivains, des philosophes, des fondateurs de religion, des hommes de toutes les nuances et de tous les caractères ont signalé l'infériorité de la femme dans l'espèce humaine? On pourrait citer des milliers d'exemples : les rabbins prétendent que la femme n'a pas été formée à l'image de Dieu, qu'elle est inférieure à l'homme, puisqu'elle a été créée pour lui venir en aide; un théologien chrétien a enseigné que l'image de Dieu est beaucoup plus vive chez l'homme que chez la femme [1]; un écrivain d'humeur fantasque a soutenu que les femmes ne faisaient point partie du genre humain (*mulieres homines non esse*)[2] ; suivant l'opinion de beaucoup d'auteurs musulmans, Mahomet

1. Lambert Danœus, *In antiquitatibus*, p. 42.
2. Dissertation anonyme (Acidalius).

aurait exclu les femmes de son paradis [1]. Mais on pourrait me reprocher d'aller trop loin chercher des exemples, de les puiser dans des temps et des civilisations qui ne sont pas les nôtres.

Eh bien, au siècle dernier, un grand publiciste dont la France cite le nom avec orgueil semble avoir eu à peu près une pensée analogue. « La nature, dit Montesquieu, qui a distingué les hommes par la force et par la raison, n'a mis à leur pouvoir d'autres termes que cette force et cette raison. Elle a donné aux femmes des agréments et a voulu que leur ascendant finît avec leurs agréments. » Au commencement de ce siècle, Napoléon, alors premier consul, ajoutait : « Il y a une chose qui n'est pas française, c'est qu'une femme puisse faire ce qu'il lui plaît. » Et enfin, sous la Restauration, un écrivain remarquable tranchait la question catégoriquement : « L'homme et la femme, dit M. de Bonald, ne sont pas égaux et ne peuvent jamais le devenir [2]. » Pour ces hommes d'origine et d'esprit si divers, l'espèce humaine est une hiérarchie dans laquelle la femme est au second rang. C'est à l'homme et uniquement à l'homme qu'appartiennent la force, la raison, le commandement, la supériorité.

Cette inégalité primordiale, cette barrière infranchissable que l'on établit si facilement entre l'homme et la femme peut-elle se justifier? Je ne le crois pas. Je ne vois aucune différence d'origine, de destinée ou

1. Le contraire parait résulter du verset 30 de la *Sura* 33 du Coran.

2. Ces paroles de Montesquieu, du Premier Consul et de M. de Bonald sont rapportées dans une brillante conférence de M. Legouvé, au profit des blessés polonais : *La femme en France au* XIXᵉ *siècle*, séance du 20 mars 1864.

d'avenir entre les deux êtres qui se partagent l'humanité. Issus du même Être supérieur, livrés à une vie commune dans un même monde, doués d'une même âme immortelle, ils apparaissent étroitement unis dans les desseins de la création. Suivant les traditions bibliques, Dieu créa l'homme à son image, puis il tira la femme du corps de l'homme. Donc, s'écrie-t-on, la femme est inférieure à l'homme! Pourquoi cette conséquence? Si, des deux êtres humains, l'un a été fait de l'autre, il participe à sa nature, à son essence : loin de voir là une cause de différence, j'y aperçois une raison de similitude. D'ailleurs, la Genèse ajoute et le Christ répète : *Duo erunt in carne una*, ils seront deux dans une même chair [1], montrant ainsi leur communion parfaite de vie et de destinée. Dieu crée un seul être, l'homme; puis il le dédouble en quelque sorte; il semble que désormais il y en ait deux; mais, au fond, cet être qui paraît divisé est toujours unique : c'est l'homme, terme qui comprend aussi la femme, dominant les autres créatures, se multipliant par lui-même et formant ce vaste corps qu'on appelle le genre humain.

Certes, à ce point de vue qui est celui de la philosophie spiritualiste et chrétienne, l'homme n'apparaît pas comme un être supérieur par rapport à la femme. Si, descendant des conceptions métaphysiques, nous jetons un coup d'œil sur les faits qui nous frappent, que voyons-nous? Comme le dit Montesquieu, l'homme a la force; il a aussi le courage, la fermeté; il est hardi dans ses entreprises, opiniâtre

---

1. Gen. 3. — Évangile de saint Matthieu, ch. 19.

dans ses desseins. Mais que possède la femme ? Elle a
des agréments, ajoute le grand publiciste ; elle a plus
que cela : la femme a la sensibilité, le cœur, une
âme sympathique à toutes les misères et attentive à
les soulager ; ajoutez une finesse d'esprit, une sou-
plesse d'expédients, une délicatesse de sentiments
qu'on ne rencontre pas chez l'homme. Je suis heureux
de pouvoir citer ici l'opinion d'un éminent dignitaire
contemporain, qui est en même temps un brillant
jurisconsulte : « On sait bien, dit M. Troplong, que
les femmes ont leurs défauts : n'ont-elles pas aussi
des qualités excellentes qu'une bonne ordonnance
domestique fait tourner à l'avantage commun? Quand
même on pourrait leur reprocher à toutes l'entête-
ment que Montaigne donne, comme apanage, aux
femmes de la Gascogne ; quand elles auraient, au lieu
de la douceur qui leur est naturelle, l'emportement
dont d'Argentré les gratifie, n'est-il pas vrai qu'elles
ont certainement en partage la diligence de la mère
de famille, la tendre sollicitude, l'économie, le dé-
vouement, l'affection, vertus essentielles qui mettent
dans le mariage *l'utilité, la justice, l'honneur et la
constance?* Cicéron, plus juste que beaucoup de ses
compatriotes, a remarqué que si l'homme est plus
propre aux travaux extérieurs, la femme convient
davantage aux travaux intérieurs et aux soins domestiques. L'un amasse, l'autre conserve ; l'un supporte
les fatigues des armées, de l'agriculture, du commerce, de l'étude, l'autre ceux de la maternité et du
gouvernement de la maison. La femme est timide :
voilà pourquoi elle est vigilante : car la timidité contribue à entretenir la vigilance : *metus plurimum*

confert ad diligentiam custodiendam. Les époux ont besoin l'un de l'autre : *alterum alterius indigere natura voluit.* L'avantage qui manque à l'un, c'est l'autre qui le possède, et réciproquement : *Quod alteri deest præsto plerumque est alteri* [1]. » C'est un homme grave, un jurisconsulte qui parle, et son sentiment est du plus grand poids dans la question qui nous occupe. Pour M. Troplong, l'homme et la femme ont des qualités qui se valent ; ils sont nécessaires l'un à l'autre, ils se complètent. Il ne s'agit pas ici d'une supériorité ou d'une infériorité originaire chez celui-ci ou chez celui-là. Ce sont deux êtres à la fois différents et égaux, car il est vrai de dire avec M. Legouvé que leur égalité consiste dans le développement de leurs différences.

Est-ce à dire que la suprématie de l'homme dans la société conjugale soit illégitime ? Il est un fait certain : les aptitudes spéciales de l'homme le rendent plus propre à gouverner la famille, à la conduire au milieu des dangers qui l'entourent, à surveiller ses intérêts. Il est le protecteur naturel de la femme, parce qu'elle est la plus faible et qu'il est le plus fort; c'est ici la force qui prévaut, mais dans un but légitime, un but de protection. D'ailleurs, le pouvoir du mari doit subir le contrôle de la femme. Il faut que celle-ci ait le moyen de faire triompher sa volonté, lorsque cette volonté est juste et qu'il y va du salut de l'association. Ainsi entendue, la puissance maritale n'a rien d'exclusif au profit de l'homme, rien d'injurieux contre la femme ; elle ne suppose pas une iné-

1. Troplong, *Du Contrat de mariage,* préface.

galité primordiale entre l'un et l'autre ; elle utilise leurs aptitudes respectives et les dirige vers leur bonheur commun ; elle est une fusion des deux volontés plutôt que l'expression d'une seule ; et si je me sers de ces mots : *puissance maritale,* c'est pour employer le terme reçu ; je devrais dire : un pouvoir dont l'homme et la femme forment le conseil et dont je mari exécute les décisions. A ce point de vue, la puissance du mari se fonde sur le droit naturel, car ce droit veut que le plus fort protége le plus faible.

La puissance maritale a un double objet : 1° la personne de la femme ; 2° ses biens. On peut donc la définir : le pouvoir que le droit naturel reconnaît au mari sur la personne et les biens de la femme. Nous savons dans quelles limites la raison et l'équité restreignent ce pouvoir. Nous allons étudier la puissance maritale dans l'ancienne Rome. Les considérations qui précèdent nous permettront de juger les institutions romaines, qui tantôt exagérèrent, tantôt affaiblirent outre mesure les pouvoirs du mari. Pour saisir les détails de cet intéressant et grave sujet, il nous faut posséder quelques notions sommaires sur la famille romaine dans son ensemble.

La famille romaine présente un régime de souveraineté domestique que la civilisation moderne ne connaît plus. Un seul ressort la fait mouvoir : la *puissance, potestas* : c'est le pouvoir du chef de famille, maître absolu dans sa maison, propriétaire de tout ce qui tombe sous son autorité : biens, femme, esclaves et enfants. Toute personne soumise à sa puissance est sa chose ; il peut en disposer comme de ses biens ; il a sur elle le droit de vie et de mort.

On ne peut s'expliquer ce despotisme du chef dans la famille romaine qu'en remontant aux premiers âges de Rome. Le Romain est le Quirite (*de curis*), l'homme à la lance; tout ce qu'il possède ne lui vient que par le droit de la force. « Leurs esclaves, dit M. Ortolan sur les mœurs des anciens Romains, étaient un butin, leurs femmes étaient un butin, les enfants qui en étaient issus étaient une provenance de leur chose; c'était ainsi que s'alliait, dans leurs esprit, avec les traditions populaires sur leurs premières origines, la règle que le chef de famille, *paterfamilias*, avait sur ses esclaves, sur sa femme, sur ses enfants, non pas une puissance ordinaire, mais un droit de propriété pleine et entière : droit de vie et de mort sur ses esclaves; droit de condamnation sur sa femme et ses enfants; droit de vendre ces derniers, de les exposer, surtout lorsqu'ils étaient difformes. La vérité historique, c'est que cette propriété, cette exposition des enfants étaient alors dans les coutumes de presque tous les peuples de ces contrées, sinon avec toute l'énergie qu'elles acquirent chez les Romains, du moins en principe. » En effet, ces coutumes existaient chez la plupart des peuples italiques contemporains des Romains, parce que chez tous la civilisation était à son berceau. Lorsqu'un peuple se forme, les institutions compliquées, fruits d'une civilisation plus savante, ne sont pas encore établies. A la tête de la nation, un chef absolu commande le peuple, lui donne des lois et le conduit à l'ennemi ; dans la famille, un maître non moins puissant tient dans sa main personnes et biens; la société civile est presque toujours l'image de la société politique.

Voici quels étaient à Rome les principaux pouvoirs du chef de famille :

1° *Puissance paternelle.* — On vient de voir qu'à l'origine de Rome la puissance du père sur ses enfants n'était point un pouvoir fondé sur la nature, mais un droit se rattachant à l'idée de propriété. De même qu'un propriétaire peut anéantir sa chose, de même le père avait un droit de vie et de mort sur la personne de ses enfants, et l'histoire nous raconte de nombreux exemples de pères usant d'un pareil droit. Témoin ce récit de Valère-Maxime où l'on voit un père, Fulvius, mettre son fils à mort, parce que celui-ci avait pris la fuite vers le camp de Catilina.

Une institution si contraire aux sentiments de la nature et à la tendresse paternelle ne pouvait subsister indéfiniment. Elle s'éteignit même dans les mœurs avant d'être abolie par les lois. Sous Adrien (117 après J.-C.), un père fut condamné à la déportation pour avoir tué son fils dans une chasse ; cependant le cas était bien favorable au père, car le fils avait eu des relations criminelles avec sa belle-mère [1].

Le père, qui avait à l'origine le droit de vie et de mort sur ses enfants, devait avoir, à plus forte raison, le droit de les vendre : c'est ce qui exista. Mais les mœurs, s'épurant progressivement, firent disparaître ce pouvoir comme le premier.

Enfin, lorsque le fils causait un dommage à autrui, le père n'était pas tenu d'indemniser en argent le tiers lésé. Il pouvait abandonner en réparation l'auteur même du délit, c'est-à-dire son fils. C'était ce

1. Dig. liv. 48, tit. 9, l. 5.

qu'on appelait le droit d'*abandon noxal* (de *noxa*, dommage). Ce pouvoir, au dire de Justinien, tomba d'abord en désuétude [1]; il fut totalement supprimé par cet empereur.

Tels étaient les droits principaux du père de famille sur la personne des enfants. Quant à ses droits sur leurs biens, il n'y a guère lieu d'en parler; les fils de famille n'avaient pas de biens. Tout ce qu'ils acquéraient, ils l'acquéraient pour le père; lui seul ayant des droits, ses enfants, absorbés dans sa personne, n'en pouvaient pas avoir. Il vint une époque où les fils de famille eurent, cependant, certains droits sur les biens qu'ils avaient acquis au service militaire et dans quelques fonctions publiques. Les biens, laissés ainsi au fils de famille, formèrent son *pécule* [2].

Sur quels enfants s'étendait la puissance paternelle? Cette puissance embrassait d'abord tous les enfants du premier degré, légitimes, légitimés ou adoptifs, qu'ils fussent du sexe masculin ou féminin, pourvu, toutefois, qu'ils ne fussent pas sortis de la famille par un mode légal tel que l'émancipation. Quant aux petits-enfants et autres descendants, on doit faire une distinction : les descendants par les mâles étaient tous soumis au pouvoir du chef; mais il n'en était pas de même des descendants par les femmes. Ces derniers ne suivaient pas la condition de la mère et ne faisaient point partie de sa famille naturelle; ils étaient sous la puissance de leur père ou de l'ascendant paternel auquel leur père était soumis, mais ils n'appartenaient jamais à leur aïeul maternel.

1. *Inst. de Justinien*, liv. IV, tit. 8, § 7.
2. *Inst. de Justinien*, liv. II, tit. 9.

Les frères et sœurs et tous les descendants par les mâles qui chez nous porteraient le même nom patronymique étaient unis par le lien de la parenté civile, l'*agnation*. Les descendants par les femmes étaient simplement parents naturels; et l'on appelait *cognation* le lien qui les unissait. D'ailleurs, la qualité d'*agnat* ou de *cognat* ne tenait pas essentiellement à la parenté par le sexe masculin ou féminin. L'agnat devenait simplement cognat, c'est-à-dire parent naturel lorsqu'il sortait de la famille par un mode légal tel que la dation en adrogation, et réciproquement, le cognat devenait agnat, c'est-à-dire parent selon le droit civil, lorsqu'il entrait dans la famille par un mode légal tel que l'adoption.

Ces notions nous seront fort utiles quand nous étudierons comment la femme pouvait se trouver, suivant les cas, soit au pouvoir de son père, soit au pouvoir de son mari.

2° *Puissance du chef de famille sur les esclaves.* — Un nombre d'esclaves, qui variait suivant la fortune, était groupé autour de chaque chef de famille. On doit signaler cette institution de l'esclavage qui occupait une si grande place dans la vie privée des peuples anciens.

3° *Puissance sur les hommes libres acquis par mancipation.* — Le chef de famille n'avait pas seulement en son pouvoir ses enfants et ses esclaves; des hommes libres acquis par un mode de vente particulier, la mancipation, se trouvaient aussi sous sa puissance. La personne libre ainsi vendue était presque assimilée à un esclave; toutefois elle conservait sa liberté, du moins en droit, et n'était soumise qu'à une servitude de fait.

· 4° *Puissance maritale.* — Enfin le père de famille pouvait avoir sous sa puissance la femme qu'il avait épousée légitimement. Je dis : pouvait avoir, car il était possible qu'il ne l'eût pas. L'épouse, en effet, était tantôt au pouvoir de son père, tantôt au pouvoir de son mari. Elle était même quelquefois maîtresse de ses droits et de sa personne (*sui juris*), c'est-à-dire qu'elle n'était soumise ni à son père ni à son mari. Ces différents points seront développés plus tard.

T.. 3 les pouvoirs que nous venons de parcourir, puissance paternelle, puissance dominicale, puissance sur les hommes libres (*mancipium*), puissance maritale portèrent anciennement le nom générique de *manus*, main en français [1]. Dans la vieille cité romaine, où tout pouvoir venait de la force, la main, signe et instrument de l'appréhension matérielle, convenait merveilleusement à désigner la puissance, l'autorité. Le chef de famille avait dans sa main (*in manu*) sa femme, ses enfants, ses esclaves et même des hommes libres. Si quelqu'une de ces personnes sortait de sa puissance, on disait qu'elle sortait de sa main (*manu mittere, emancipatio* de *ex manu capere*). La *manus*, autrement dit la puissance, qui embrassait d'abord tous les pouvoirs du père de famille, se spécialisa plus tard ; elle ne désigna plus que le pouvoir du mari sur la personne de l'épouse. C'est en ce sens que j'emploierai désormais cette expression.

Il faut ajouter une observation bien importante sur les notions qui précèdent. Toute personne soumise au pouvoir d'autrui, quels que soient son âge et son sexe, est considérée comme n'ayant pas de droit propre.

1. Ortolan, t. I, p. 78.

Elle est pour ainsi dire dans le droit d'un étranger : *alieni juris*. Toute personne, au contraire, qui jouit de ses droits, qui est maîtresse d'elle-même, qui n'est soumise à aucune puissance est dite *sui juris*. Dans la famille, le chef seul est *sui juris*, maître de lui-même ; tous les autres sont *alieni juris*, sous la puissance du chef.

On a vu jusqu'où allait le despotisme domestique dans la famille romaine. Un maître unique ne connaissant de loi que sa volonté et autour de lui des esclaves qui ne sont rien, une femme et des enfants qui ne sont guère plus. Des écrivains modernes ont qualifié ce pouvoir de tyrannie dénaturée, je n'essayerai pas de le justifier. Mais, quelque outré qu'il soit, il est intéressant de l'étudier. A l'abri de ce toit despotique grandissaient des hommes virilement trempés, doués de vertus civiques extraordinaires, qui quittaient leur charrue pour voler à l'ennemi, qui, après la victoire, n'avaient d'autre ambition que de retourner à leur champ et qui ont plus tard conquis le monde. Il est curieux de pénétrer au sein de ce foyer plein de symboles et de mystères, où se développaient une vie et des mœurs si différentes des nôtres. Parmi les spectacles qu'il nous offre, le plus digne d'attention, sans contredit, est le tableau de l'association conjugale. Considérer cette association, voir dans quel état de subordination la femme est placée vis-à-vis du mari, telle est l'étude à laquelle la première partie de cet écrit sera consacrée.

Je me demanderai : 1° comment la puissance maritale se formait à Rome ; 2° quels effets elle produisait ; 3° comment elle s'éteignait.

CHAPITRE Ier.

COMMENT SE FORME LA PUISSANCE MARITALE.

§ I. — Mariages libres, mariages stricts. — Origine de la *manus*.

A ne consulter que le sens vulgaire, on ne conçoit pas que la puissance maritale et le mariage puissent avoir une durée distincte, qu'ils ne soient pas toujours concomitants. Qu'est-ce, en effet, que la puissance maritale? Je l'ai dit : c'est le pouvoir que le droit naturel confère au mari sur la personne et les biens de sa femme. D'après cette définition, dès que le mariage se forme, le pouvoir marital doit aussi apparaître, et il doit se maintenir tant que le mariage existe. Cette règle est parfaitement conforme au droit naturel; mais le droit civil des Romains établit une puissance maritale particulière, c'est-à-dire la *manus*, qui souvent est postérieure au mariage, et qui s'éteint quelquefois avant la dissolution de l'union matrimoniale.

A Rome, on ne confond pas le mariage avec la *manus*; le pouvoir que la loi attribue au mari ne découle pas nécessairement de l'association conjugale. Mariage et *manus*, c'est-à-dire puissance maritale, sont choses très-diverses; sans doute, la *manus* ne peut exister en dehors du mariage, mais le mariage peut très-bien se former sans la *manus*. La *manus* est une puissance d'une énergie singulière qui se rattache, comme nous le verrons bientôt, aux traditions héroïques de l'histoire de Rome, mais que l'épouse romaine ne consent pas toujours à subir.

Il y a donc chez les Romains, au point de vue de la *manus*, deux sortes de mariages : l'un dans lequel cette puissance fait défaut, l'autre dans lequel elle apparaît. Quels sont les caractères de l'un et de l'autre?

Deux époux ont contracté un mariage légitime, de *justes noces*, comme disaient les Romains. Le mari, s'il était maître de lui-même, a conservé tous ses pouvoirs; le mariage n'a pu les altérer. S'il était sous la puissance d'un chef de famille, il est demeuré dans cet état, car le mariage n'a jamais pour effet de faire passer le mari d'une famille dans une autre. Mais quel a été le sort de la femme? Est-elle restée soumise après comme avant son mariage au même chef de famille, ou bien est-elle tombée au pouvoir du mari? C'est ici que s'offre à nous la question si grave de la *manus*; il s'agit de savoir si cette puissance s'est formée ou non en même temps que le mariage.

Quand l'union est célébrée purement et simplement, sans aucune cérémonie particulière, l'épouse conserve son état dans la famille de son père ou autre ascendant paternel; elle ne sort pas de sa puissance; les liens de la nature ou ceux qu'a produits la loi civile en cas d'adoption ne sont ni brisés ni relâchés. Cette puissance paternelle si exorbitante dont nous connaissons les principaux effets se maintient sur la tête de la jeune fille devenue épouse, et le mariage, en pareil cas, n'a pas pour conséquence comme chez nous l'émancipation de la femme. Le pouvoir paternel survivant au mariage de la fille la suit, en quelque

sorte, sous le toit et dans les mains du mari. Lorsque
l'union conjugale est contractée dans ces conditions,
on peut la désigner sous le nom de mariage libre
(*matrimonium liberum*) [1], parce qu'alors la *manus*
n'apparaît pas sur la personne de l'épouse; celle-ci
reçoit le titre honorable de *matrone (matrona)*.

Je viens de supposer que le mariage a été contracté
par une femme soumise à la puissance paternelle;
mais il est possible que l'épouse, avant son union,
fût maîtresse d'elle-même (*sui juris*). S'il en est ainsi,
la puissance paternelle qui n'existait pas sur sa tête
avant le mariage ne saurait exister après; et comme
l'épouse, je le suppose, n'est pas tombée en la puissance du mari, c'est encore un *mariage libre* que les
conjoints ont célébré. Dans cette seconde hypothèse,
la femme est honorée du nom de *mère de famille*
(*mater familias*) [2].

Donc, dans le mariage libre, pas de *manus*. Est-ce à
dire qu'alors la puissance maritale soit totalement
absente, qu'alors le mari n'ait absolument aucun
pouvoir sur la personne et les biens de sa femme? Je
ne puis l'admettre, en présence des textes nombreux
qui conduisent à une solution contraire. Je reviendrai
d'ailleurs sur ce point qui ne me paraît pas suffisam-
ment éclairci par les auteurs.

D'après les notions qui précèdent, la femme

1. Cours de M. Ragon.

2. Toute femme *sui juris* est dite *mater familias* (Dig. 1, 6, 4); elle conserve ce titre après son mariage (Dig. 50, 16, 46). La femme *alieni juris*
qui tombe au pouvoir du mari est aussi *mater familias*; mais si en se ma-
riant elle reste sous la puissance paternelle, elle est fille de famille et ne
peut pas être en même temps *mater familias*; on lui donne le titre de *matrona*.

romaine peut contracter mariage, tout en conser-
vant l'intégralité de son état. Mais il s'en faut qu'il
en soit toujours ainsi. La *manus* accompagne souvent
la société conjugale et lui imprime des caractères que
le droit romain seul nous présente. La *manus*, nous
le savons, c'est cette puissance qui à l'origine comprit
tous les pouvoirs du chef de famille, mais qui plus tard
se spécialisa pour ne plus désigner que la suprématie
maritale. Elle ne dérive pas de la célébration unique
du mariage même entouré des cérémonies pompeuses
qui l'accompagnaient à Rome. Il faut plus que cela :
la puissance chez les Romains était la grande base
de la famille, et quelle gravité n'offrait-elle pas lorsqu'il s'agissait de la puissance sur l'épouse, institution dominante de l'association conjugale ! Elle ne
pouvait naître que de certaines solennités ou d'un
laps de temps fixé par les lois. Quand la *manus* se
produisait, quel que fût son mode de formation, la
femme tombait dans la main du mari (*in manu*); elle
lui appartenait corps et biens ; elle devenait sa chose.
On voit que le mariage accompagné de la *manus* était
autrement plus étroit que le mariage libre : aussi
l'appelait-on *mariage strict* (*matrimonium strictum*) [1].

Le mariage strict était donc l'union matrimoniale
dans laquelle la *manus* reposait sur la tête de la
femme ; celle-ci entrait dans la famille du mari, et
son état de subordination était grand, car elle devait
fléchir comme ses propres enfants sous la toute-
puissance du chef. Cependant, elle prenait au foyer
conjugal une place honorifique; on lui accordait le
titre vénéré de *mère de famille* (*mater familias*), dans

---

[1]. Cours de M. Ragon.

tous les cas, sans distinguer comme dans le mariage
libre si avant son union elle était *sui juris* ou *alieni
juris*. Nous verrons plus loin que la loi l'assimilait à
une fille du mari, mais les mœurs la vengeaient de
cette injure légale en l'environnant du respect qui
revient à la mère.

J'ai exposé déjà comment l'expression de *manus* fut
employée à Rome pour désigner la puissance maritale. Nous connaissons l'origine du mot ; voyons
maintenant celle de la chose. Demandons-nous comment il put s'établir dans la société romaine un pouvoir si exorbitant sur la personne de la femme. En pareille matière, on ne peut faire que des conjectures,
or voici celle qui me paraît la plus vraisemblable.

Les annales romaines nous racontent qu'une troupe
d'aventuriers, sous la conduite de Romulus, vinrent
fonder Rome sur la rive gauche du Tibre. La cité qui
devait devenir la Ville éternelle ne fut à l'origine
qu'un asile ouvert aux *bandits* italiens. Les peuplades
voisines y émigrèrent et la population s'accrut rapidement ; mais il paraît que les femmes manquaient aux
premiers Romains. Ils en obtinrent par un artifice :
Romulus, leur chef, fit préparer des jeux splendides
où il invita le peuple sabin, établi à l'Est de Rome.
Au milieu de la fête, les Romains s'emparèrent des
vierges sabines et les emmenèrent dans leurs foyers.
Cet enlèvement suscita entre les deux peuples une
guerre acharnée qui amena la ruine des Sabins. On
ne sait pas bien s'il faut classer ces faits comme his-
toriques ou les reléguer au rang des récits légen-
daires ; mais qu'importe ? S'ils sont exacts, ils expliquent ce que furent les premières femmes romaines ;

s'ils manquent de vérité, cette tradition, conservée à travers les siècles, est encore une explication. Pour le Romain, la femme est une captive tombée en son pouvoir un jour de combat; elle n'est rien au foyer domestique; mais de quoi se plaindrait-elle? Le prisonnier fait sur l'ennemi tombe en esclavage; comme lui, elle est un butin, et sa condition, après tout, vaut encore mieux que la servitude!

Telles sont les traditions qui, vraies ou fausses, font concevoir, à Rome, l'assujettissement de la femme et l'omnipotence du mari. Toutefois, l'influence de ces récits populaires devait s'effacer devant la marche du temps et des idées. A l'époque historique où nous étudions la *manus*, il existe déjà des mariages libres qui respectent la dignité de la femme. Nous verrons plus tard la *manus* elle-même disparaître peu à peu, puis finir par tomber en désuétude. Mais elle joua un grand rôle dans la société romaine, et il faut la décrire dans son ensemble.

Voyons ses trois modes de formation : la confarréation, la coemption et l'usucapion.

§ II. — Confarréation.

Le mariage a été célébré avec l'observation des règles juridiques et des cérémonies usitées chez les Romains. Le soir de l'hyménée, la jeune épouse vêtue d'une robe blanche, portant une ceinture que le mari seul doit dénouer, couverte du voile jaune, conduite par deux enfants, précédée d'un troisième tenant dans ses mains le flambeau de l'hymen, marchant sur un sol parfumé d'eau lustrale, s'est rendue en grande

pompe au domicile du mari. Des chants joyeux ont
accompagné le cortége ; cinq enfants richement parés,
agitant cinq flambeaux en l'honneur de Jupiter, de
Junon, de Vénus, de Diane et de la déesse de la Per-
suasion, ont donné à la marche un aspect religieux.
Arrivée au seuil du toit conjugal, la nouvelle épouse a
reçu l'eau et le feu, symbole de la vie qu'elle doit
désormais partager avec son mari ; elle a pris place
sur un siége garni d'une peau de mouton avec sa
laine, signe primitif et allégorique de la part qui revient à la femme dans les travaux domestiques ; enfin,
tous les usages solennels dont les Romains envi-
ronnaient la célébration du mariage ont été suivis
scrupuleusement ; l'union est sans doute régulièrement
contractée, bien qu'elle l'eût été sans ces cérémonies,
mais elle n'a pas acquis tout le degré de force qu'elle
peut recevoir des lois romaines ; la *manus* n'existe pas.
Il faut, pour la produire, des formalités qui n'ont rien
de commun avec celles du mariage.

Si les conjoints désirent que le mariage et la *manus*
se forment simultanément, ils auront recours soit à
la confarréation, soit à la coemption ; si leur volonté est
opposée, ils s'uniront sans ces solennités, et alors la
manus ne prendra pas naissance. Seulement, elle
pourra survenir ultérieurement par l'usucapion, c'est-
à-dire par le séjour de la femme pendant un an au domicile du mari.

La confarréation est une cérémonie religieuse dont
le but est de créer la puissance maritale. Elle s'accomplit par un sacrifice dans lequel on emploie un
pain de farine (*farreus panis*), d'où vient le nom de
confarréation. Cette solennité remonte aux premiers

âges de Rome, et il est difficile d'en préciser l'origine.
Elle est peut-être d'importation étrusque; suivant
toutes probabilités, elle fut consacrée par Numa
Pompilius, qui donna aux Romains tant de rites religieux [1].

Voici à peu près, autant qu'il est permis d'en juger
par les documents incomplets qui nous sont parvenus,
comment se célébrait la confarréation. Des paroles
sacramentelles étaient prononcées en présence de dix
témoins; il s'agissait d'un acte extrêmement grave
qui modifiait l'état des familles, car, par cette cérémonie, l'épouse, soit qu'elle fût libre *(sui juris)*, soit
qu'elle fût soumise à la puissance paternelle, passait
sous la puissance de son mari : aussi fallait-il que
l'événement se produisît au grand jour, sous les yeux
mêmes du peuple, représenté par dix citoyens.

A la prononciation des formules consacrées, se joignait l'oblation d'un sacrifice. Une brebis était immo-
lée, et les deux époux, assis sur deux siéges réunis,
couverts d'un voile et de la peau de la brebis qu'on
venait de sacrifier, mangeaient une partie du gâteau
de farine et jetaient l'autre sur la victime. Cette nourriture prise en commun était le symbole de l'union
intime et sacrée qui ne devait cesser de régner entre
les époux [2].

Le caractère religieux dont était empreinte la confarréation convenait surtout aux pontifes et aux patriciens : aussi est-ce une question que de savoir si cette
cérémonie s'appliquait à toutes les classes de ci-

1. *Pandectes* de Pothier, liv. 1, tit. 6.

2. *Pandectes* de Pothier, liv. 1, tit. 6. — Ulp. reg. tit. 0. — Gaius, *Comment.* 1, §§ 108 et suiv.

toyens. Selon Pothier, elle fut d'abord usitée pour tous les mariages; plus tard, elle tomba en désuétude partiellement au moins et devint spéciale aux pontifes qui ne pouvaient se marier sous un autre rite. Gaïus, qui vivait sous Marc-Aurèle, nous affirme que de son temps la confarréation n'était plus en usage que parmi les grands flamines, c'est-à-dire les prêtres de Jupiter, de Mars et de Quirinus [1].

La confarréation, nous venons de le voir, était une cérémonie sacerdotale. Son principal objet était la *manus*; mais elle produisait, en outre, plusieurs effets religieux. Par cette solennité, les époux s'engageaient au service des dieux et leur consacraient même les enfants à naître de leur union. Ces derniers étaient voués au culte comme leurs auteurs; on les employait dans les cérémonies de la religion, et c'était parmi eux, au témoignage de Tacite, que les prêtres étaient choisis; lorsqu'on voulait élire un pontife, on le prenait parmi trois personnes issues de parents patriciens mariés par confarréation [2].

On ne sait pas bien à quelle époque la confarréation disparut. Dès le règne de Tibère, cette solennité était rare; les prêtres se recrutaient difficilement. Tacite, qui énumère les causes de cet abandon, signale l'indifférence des époux pour cette sorte de mariage, les difficultés de forme qui s'y attachaient et l'inconvénient qu'elle entraînait de faire sortir le citoyen nommé flamine de la puissance paternelle [3].

Au temps de Gaius, la confarréation n'était prati-

1. Gaius, *Comment.* I, § 112.
2. *Pandectes* de Pothier, liv. I, tit. 6.
3. Tacite, *Annales*, liv. IV, § 16.

quée que parmi les pontifes. Après le règne de Marc-
Aurèle, cette cérémonie païenne cédant à l'influence
du Christianisme s'effaça complétement et il n'en reste
plus trace sous Justinien.

§ III. — Coemption.

A l'époque héroïque de la Grèce et de Rome, la
femme était assimilée à une chose susceptible de propriété. Fille, elle était dans le domaine de son père ou
d'un autre ascendant paternel; épouse, elle était la
propriété de son mari. Ainsi, par l'effet du mariage,
la femme passait du domaine de ses ascendants dans
celui de son mari; comment s'opérait cette transmission? Rien de plus simple : la femme était une chose,
on la vendait comme telle. « Nos ancêtres, dit Aristote,
étaient d'une barbarie et d'une simplicité choquantes;
les Grecs pendant longtemps n'ont marché qu'en
armes et se *vendaient leurs femmes.* [1] De nombreux
écrivains anciens attestent cet usage; Homère et les
poëtes tragiques nous en fournissent des exemples,
et M. Troplong, qui le mentionne, fait observer qu'il
existe encore chez les Tartares, les peuples du Tonkin
et les peuplades nègres de l'Afrique.

Qu'à une certaine époque les femmes aient été
transférées comme une chose, cela était dans les idées
des peuples primitifs; mais que les maris eux-mêmes
se soient vendus à leurs femmes, c'est ce qui paraît
contraire aux mœurs des temps barbares.

Le mari était l'acheteur de la femme : pouvait-il

1. Troplong, *Du Contrat de mariage*, préface. — Aristote, *Politiq.*, liv. II,
chap. 5.

devenir à son tour l'objet de la vente? Cela semble
fort peu logique; cependant, il est probable que
l'usage exista. C'est ce que l'on croit découvrir dans
un passage de Médée où l'héroïne de la pièce, gémissant sur son infortune, s'écrie : « Ah! de toutes
les créatures qui sentent et qui respirent, les femmes sont les plus malheureuses. Elles achètent un
époux au prix de leurs richesses; elles paient celui
qui les réduit en esclavage » [1]. Toutefois, cette
coutume n'est pas aussi certaine que la précédente.
Les exemples de maris achetant leurs femmes sont
constatés par de nombreux témoignages; mais les
exemples de femmes payant le prix de leurs maris
sont beaucoup plus rares. Cela se conçoit : les anciens
plaçaient l'homme trop haut et la femme trop bas
pour qu'une institution tendant à les mettre sur la
même ligne et à faire de l'homme l'objet d'un vil prix
soit devenue générale.

A Rome comme en Grèce, le passage de la femme
dans la famille et sous la puissance du mari n'est à
l'origine qu'un acte de commerce. La femme est vendue au mari par son père ou son tuteur [2]; le mari est
le *coemptionateur*, c'est-à-dire l'acheteur, et la vente
prend le nom de *coemption* (de *coemere*, acheter). On
voit que la coemption n'est pas comme la confarréation une cérémonie religieuse; elle a moins de dignité
et de grandeur, et si l'une convient mieux aux hautes
classes patriciennes, l'autre est destinée surtout aux
plébéiens. Toutes les deux produisent la puissance

1. *Médée*, acte II, scène 1.
2. Nous verrons ci-dessous que les femmes libérées de la puissance
paternelle étaient sous la tutelle de leurs agnats.

maritale, mais par des modes bien distincts : dans la
confarréation, des paroles solennelles sont prononcées, dix témoins sont présents, le chef des pontifes
offre un sacrifice aux dieux et les époux se purifient,
en quelque sorte, en mangeant du pain consacré. Dans
la coemption, des formules sacramentelles sont aussi
proclamées, mais ce sont les formules d'une vente ; la
cérémonie n'est qu'une *mancipation*, mode translatif
du domaine quiritaire où figurent le lingot de métal
pour désigner le prix de vente, la balance d'airain
pour le peser et cinq témoins pour constater le contrat.

La coemption remonte à la plus haute antiquité.
Nous allons voir qu'au temps des grands jurisconsultes
romains et notamment de Gaius cette solennité n'était
plus qu'une vente fictive ; mais il est certain qu'à des
époques plus reculées où la barbarie régnait encore,
la vente était sérieuse et non pas seulement imagi-
naire. Les mœurs choquantes dont parle Aristote ne
furent pas particulières aux Grecs, elles durent aussi
exister à Rome, qui, d'après l'épopée nationale, se
peupla d'habitants venus de l'Orient et emprunta à la
Grèce tant d'institutions.

On peut dire que la coemption se fondait sur la loi
des Douze-Tables. « Si un père, portait cette loi, a *trois
fois vendu* son fils, que le fils soit libéré de la puissance paternelle [1]. » Ainsi, trois ventes successives
étaient nécessaires pour faire sortir le fils de la puissance paternelle ; les jurisconsultes en avaient conclu
que pour libérer de cette même puissance la fille, les

---

1. *Si pater filium ter venum duit, filius a patre liber esto* (Gaius 1, § 132.)

petits-fils ou petites-filles, une *seule* vente suffisait.
Cette interprétation nous fournit la base légale de
la coemption : on veut que la femme passe de la
puissance du père sous celle du mari ; le père peut la
vendre, et une *seule* vente suffit pour éteindre son
droit. Voyons, du reste, comment cette vente s'opérait et comment la femme tombait au pouvoir du
mari.

Avant que le droit des gens eût exercé à Rome son
influence, les Romains accompagnaient leurs contrats
de formules solennelles qui avaient pour but de frapper fortement l'esprit des parties et de marquer toute
l'étendue de leur engagement. Ce trait devait apparaître avec ses couleurs les plus vives dans un acte
dont les effets n'allaient à rien moins qu'à réduire une
personne sous la puissance d'une autre. Dans la
coemption, en effet, des formules sacramentelles mettaient en évidence les obligations réciproques.

Les époux s'interrogent et répondent alternative-
ment. Le mari demande à la femme : Voulez-vous être
ma mère de famille ? La femme répond : Je le veux.
La femme demande au mari : Voulez-vous être mon
père de famille ? Le mari répond : Je le veux. Ces
mots : père de famille, mère de famille, sont confor-
mes aux rapports qui vont s'établir entre les époux.
Le mari sera, en effet, le père de famille auquel la
femme sera soumise ; et la femme, quoiqu'en sa puissance, prendra le rang de mère de famille au foyer
conjugal.

La coemption comprend aussi la mancipation ou
vente solennelle de la femme au mari. C'est une vente
fictive, dit Gaius ; elle rappelle, en effet, un âge bar-

bare où, la monnaie n'existant pas, les hommes
échangeaient leurs produits contre des lingots de
métal; et comme ces lingots n'avaient pas un poids
déterminé et connu au préalable, force était bien
d'avoir une balance et de les peser. C'est ce que l'on
voit dans la mancipation; mais de bonne heure l'usage
d'une monnaie dont la valeur et le poids étaient connus de tous rendit inutile un pesage réel dans chaque
échange; dès lors, l'airain et la balance maintenus
pour la forme n'existèrent plus qu'à l'état fictif.

Avec ces notions, les formalités de la mancipation
sont faciles à saisir. La vente a lieu en présence de
cinq témoins tous citoyens romains et pubères. Une
autre personne remplissant les mêmes conditions
tient la balance, d'où lui vient le nom de *porte-balance*.
Le mari coemptionateur, la femme objet de la coemption et le père ou tuteur qui consent la vente sont
présents à la solennité. Le mari mettant la main sur
la femme prononce cette formule : *Je prétends que
cette femme est la mienne d'après le droit des Quirites, et
elle m'est acquise par ce métal et cette balance d'airain* [1].
Puis, il frappe la balance avec l'airain et donne le
métal en signe de prix à celui qui livre la femme.

Telle est la coemption dont la mancipation avec
ses formes rudes et symboliques est l'élément
principal. Née au berceau de la société romaine,
dans un temps où l'âpreté des mœurs marquait de
son empreinte les institutions, elle a survécu aux
plus grands siècles de Rome. En vain, le génie de
Cicéron et les immortels écrivains du règne d'Auguste

---

1. Cette formule est calquée sur celle que nous donne Gaius relativement
à la mancipation d'un homme libre (*Comment.* 1, § 110). •

ont éclairé tous les côtés de l'esprit humain, l'antique solennité s'est maintenue, bien qu'elle fût un non-sens à ces époques de civilisation. Au temps des jurisconsultes classiques, la coemption existait encore, mais on l'employait rarement. Sous Justinien elle n'est plus qu'un souvenir.

J'en aurais fini avec la coemption si je ne devais placer en regard un usage qui, paraît-il, se pratiqua à Rome. Nous avons vu qu'en Grèce les femmes payaient quelquefois le prix de leurs maris. Il semble que cette coutume n'ait pas été non plus étrangère aux Romains. De même que le mari achetait sa femme, de même il arrivait que la femme achetait son mari. Ce fait se présente avec des caractères d'une bizarrerie étrange. L'épouse, qui était conduite au domicile du mari, apportait trois as ou pièces de monnaie : une dans sa main, qu'elle donnait à son mari ; une sur son pied, qu'elle déposait dans le foyer de la maison, une troisième dans une bourse, qu'elle découvrait avant d'arriver au domicile du mari. Voici quelle paraît être la signification de ces trois pièces : par la première, la femme achetait son mari ; par la seconde, les lares de ce dernier ; par la troisième, l'ouverture de la maison conjugale [1].

Cette coutume corrélative à la coemption dut disparaître en même temps. Aucune mention n'en est faite dans le dernier état du droit romain.

1. *Pandectes* de Pothier, liv. I, tit. 6.

§ IV. — Usucapion.

Les Romains avaient à cœur de conserver leurs anciens usages. Inutilement apercevaient-ils les vices d'une institution, ils la maintenaient quand même, ne fût-ce qu'à l'état symbolique. C'est ce qui advint de la coemption, vente réelle à l'origine, qu'ils transformèrent ensuite en vente fictive. L'usucapion, appliquée à l'épouse, présente l'exemple d'un fait analogue et se rattache aux mêmes idées.

Dans le principe, la femme était le bien du père, et ne cessait de l'être que pour devenir celui de l'époux ; elle était transmise au moyen d'une vente ; mais, puisqu'elle pouvait être vendue, pourquoi ne pas déclarer qu'elle pourrait être *usucapée*, c'est-à-dire acquise par la possession ? La conséquence était logique, elle fut admise, et on l'observa même à une époque où l'on ne considérait plus la femme libre comme susceptible de propriété.

L'acquisition de la femme par l'usage prit certainement naissance avant les Douze-Tables, mais ce grand monument législatif de l'antiquité romaine la réglementa. D'après les Douze-Tables les immeubles s'acquéraient par deux ans de possession, et les meubles par un an. La femme fut mise au rang des meubles, le mari put l'acquérir par un an de possession. Mais l'usucapion, autrement dit la prescription, n'a jamais été admise sans un tempérament : pour qu'elle se produise, il faut que la possession qui la précède soit exempte d'interruption. Donc, si la femme s'absentait durant trois nuits du domicile conjugal, elle interrompait la possession et ne tombait pas sous la puissance du mari. Elle pouvait ainsi écarter la *manus* indéfiniment, en découchant trois nuits de suite chaque année [1].

On conçoit que l'usucapion de la femme n'avait d'utilité que lorsqu'au moment du mariage les époux n'avaient point eu recours aux formalités de la confarréation ou de la coemption; si l'une de ces solennités avait eu lieu, la femme était déjà en la puissance de son mari et ne pouvait y tomber par l'usucapion.

Je dois ajouter une observation commune à la coemption et à l'usucapion. Dans l'un et l'autre cas, la femme sortait de la puissance paternelle; si elle était en tutelle, le pouvoir du tuteur cessait. Ce changement d'état ne pouvait s'accomplir qu'avec le consentement du père de famille ou de tuteur. Quand le mariage avait été célébré sans confarréation ni coemption, le père de famille ou le tuteur avait un moyen facile de prévenir la *manus* : il lui suffisait de retenir la femme chaque année durant trois nuits hors du toit conjugal.

Des trois modes qui produisaient la *manus*, l'usucapion s'éteignit la première. Gaius nous apprend que de son temps elle était en partie abrogée par les lois, en partie tombée en désuétude [2].

§ V. — Formation de la puissance maritale sous Justinien.

Sous Justinien la *manus* a disparu. Comment la puissance maritale se forme-t-elle alors et même existe-t-elle? Les auteurs répètent partout : « Sous

1. Gaius I, § 3.
2. *Ibid.*

Justinien plus de puissance maritale ». Faut-il prendre ces mots au pied de la lettre et décider que sous
Justinien toute prééminence du mari sur l'épouse est
radicalement supprimée? Il me semble impossible de
l'entendre ainsi. Si l'on affirme qu'à cette époque la
puissance maritale n'existe plus, c'est qu'on entend
par ces mots : la *manus*. Mais la puissance maritale
du droit naturel, c'est-à-dire cette suprématie que la
raison confère au mari produit ses effets sous Justinien comme elle les a produits sous les empereurs
précédents dans le mariage libre.

Qui osera dire qu'en dehors de la *manus*, quand
elle était en vigueur, et dans tous les cas après
sa disparition, le mari n'avait aucun pouvoir sur la
personne et les biens de sa femme? Bientôt nous énu-
mérerons ces pouvoirs. En ce qui touche la personne,
l'époux avait le droit de commandement et l'épouse
devait obéir; l'un fixait le domicile conjugal et l'autre
devait l'accepter. Pour ce qui est des biens et particulièrement de la dot, le mari avait un droit de propriété soumis toutefois à des restrictions. On voit qu'il
existait un pouvoir marital indépendamment de la
manus, et même après que la *manus* se fut éteinte.
Sans doute, ce n'était plus ce droit exorbitant qui
mettait la femme dans la main du mari, qui la livrait
à sa discrétion; c'était un pouvoir plus modéré et plus
humain, réduit à de justes limites. La dictature conjugale avait été abolie; des idées plus libérales et
plus nobles s'étaient fait jour au foyer domestique;
mais, quand l'exagération d'un principe a été re-
poussée, s'ensuit-il que le principe lui-même soit
anéanti?

Ainsi il n'est pas douteux qu'à Rome, en l'absence de la *manus*, il existât une suprématie maritale. Cette suprématie est dans la nature, et l'on ne détruit pas la nature. Mais quel était son mode de formation? J'ai à peine besoin de le dire. Le pouvoir du mari, dans sa conception naturelle et vraie, est le corollaire obligé du mariage. Il ne peut exister avant, car l'effet ne saurait précéder la cause; il ne peut exister après, car lorsque la cause s'éteint, l'effet s'évanouit. Donc, disons qu'à Rome, dans le mariage libre et dans tous les mariages, après la chute de la *manus*, la puissance maritale naissait et s'éteignait avec l'union des époux.

CHAPITRE II.

EFFETS DE LA PUISSANCE MARITALE.

Je viens d'étudier la puissance maritale des Romains dans ses modes de formation. J'ai indiqué par quelles institutions singulières s'établissait le pouvoir exorbitant de la *manus*, et j'ai fait observer qu'en dehors de la *manus* il existait non plus une *puissance* (*potestas*) dans le sens romain de ce mot, mais une suprématie maritale se reconnaissant par les effets mêmes qu'elle produisait. Je dois rechercher maintenant avec quelques détails quelles sont les applications de la puissance maritale, soit qu'il s'agisse de la *manus*, soit que l'on considère les pouvoirs du mari en dehors de la *manus*. La loi romaine permet de suivre la logique des idées; or, dans cet ordre, la puissance maritale a un double objet : 1° la personne de la femme; 2° ses biens.

§ I. — Pouvoirs du mari sur la personne de la femme.

Les pouvoirs du mari sont très-différents, suivant qu'on les examine sous le régime de la *manus* ou en dehors de la *manus*. Parcourons ces deux hypothèses.

I. *Pouvoirs du mari sous le régime de la* MANUS. — Pour qui envisage la puissance maritale chez les Romains, la *manus*, avec son caractère national et ses effets énergiques, frappe tout d'abord le regard. Elle modifie profondément l'état de la femme; celle-ci passe d'une famille dans une autre, événement d'une gravité extrême, dont les conséquences sont nombreuses. Si elle était sous la puissance de son père, cette puissance s'éteint; si elle était soumise à un tuteur, la tutelle cesse; dans ce dernier cas, elle était maîtresse d'elle-même (*sui juris*), quoiqu'en tutelle, elle formait une famille; or, la famille qu'elle constituait s'évanouit. Alors, dit laconiquement le jurisconsulte Ulpien, la femme est le premier et le dernier membre de sa famille [1]. L'épouse qui subit la *manus* entre dans la famille du mari, et à quel titre? A titre de fille, fait caractéristique au premier chef de la civilisation romaine. Elle devient la sœur de ses propres enfants; elle est l'héritière de son époux; elle participe à ses lares, à sa religion.

L'épouse tombe au pouvoir du mari à titre de fille; mais si ce dernier est lui-même sous la puissance de son père, elle est soumise à son beau-père en qualité de petite-fille. Si le chef de famille est l'aïeul du mari, elle est soumise au chef commun à titre d'arrière-petite-fille et ainsi de suite [2].

On voit jusqu'où allaient à Rome les conséquences de la puissance paternelle. Cette puissance atteignait les femmes des descendants comme les descendants eux-mêmes, et l'on sait quels droits rigoureux s'y attachaient. Il faut observer toutefois que la puissance paternelle, qui devenait la puissance maritale entre

---

1. *Mulier autem familiæ suæ et caput et finis est* (Dig. liv. 50, tit. 16, l. 195 § 5).

2. Gaius, I, § 118. — *Pandectes* de Pothier, liv. I, tit. 6. — De Savigny, *Traité de droit romain*, t. II, p. 53.

les mains du mari, dut être tempérée en faveur de l'épouse par l'influence des parents de celle-ci. La famille naturelle de la femme dut user de ses pouvoirs pour que l'autorité maritale ne devînt ni vexatoire, ni oppressive. Nous verrons bientôt que les proches de la femme, réunis en assemblée, intervenaient même dans la vie conjugale.

La *manus* (et ce que je dis de la *manus* s'applique à la puissance d'un chef de famille autre que le mari) entraîne deux droits essentiels : 1° un droit de vie et de mort ; 2° un droit de vente et de revendication.

L'époux a sur l'épouse un droit de vie et de mort. En effet, nous savons que celle-ci est assimilée à une fille et que la puissance maritale n'est qu'un aspect particulier de la puissance paternelle. Le chef de famille peut mettre à mort ses enfants ; or, son droit est le même à l'égard de sa femme. On vit à Rome plus d'un mari exercer ce pouvoir et souvent pour de futiles motifs. Valère-Maxime raconte que Egnotius Métellus fit mourir sa femme pour avoir bu du vin, tant était quelquefois barbare le despotisme marital [1] !

Il arrivait sans doute que le mari se constituât juge unique et souverain des mœurs de celle qui lui était unie ; mais dès la plus haute antiquité, son pouvoir fut soumis à un contrôle. On institua un tribunal domestique qui partageait avec le mari la juridiction. Selon Denys d'Halicarnasse, ce fut Romulus qui organisa ce tribunal, composé des parents de la femme. Ses attri-

---

1. Troplong, *De l'Influence du Christianisme sur le droit civil des Romains*, ch. IX. — Valère-Maxime, lib. VI, ch. 3, n° 9.

butions variaient suivant les cas : tantôt il statuait
directement, tantôt il n'exerçait qu'un droit de surveillance. On distinguait à ce sujet les mœurs de la
femme en deux catégories : en mœurs *graves* et en
mœurs *légères (mores graviores, mores leviores)*. La première catégorie ne comprenait qu'un fait, l'adultère ;
la seconde embrassait tous les autres cas [1]. S'agissait-
il d'un crime d'adultère, cinq parents se joignaient au
mari pour former une juridiction souveraine qui pouvait prononcer la peine de mort ; s'agissait-il d'un fait
moins grave, le mari était seul juge et les parents
de l'épouse n'intervenaient que pour contrôler sa décision [2].

Montesquieu a consacré un chapitre au tribunal domestique des Romains. « Les peines de ce tribunal,
dit le profond écrivain, devaient être arbitraires et l'é-
taient en effet, car tout ce qui regarde les mœurs,
tout ce qui regarde les règles de la modestie ne peut
guère être compris sous un Code de lois. Il est aisé de
régler par des lois ce qu'on doit aux autres ; il est difficile d'y comprendre ce qu'on se doit à soi-même [3]. »

Le tribunal domestique se maintint longtemps ; on
le regardait comme un tempérament nécessaire à
l'omnipotence du mari. Il disparut seulement lorsque
le pouvoir marital se fut adouci et que les mœurs
eurent rendu son contrôle inutile. Sous Néron, il
existait encore, ainsi que le témoigne Tacite par le

---

1. *Graviores mores sunt adulteria tantum*, *leviores omnes reliqui* (Ulp.
Reg, tit. 6, § 13 ; voir aussi les §§ 9 et 12).

2. Montesquieu, *De l'esprit des lois*, liv. 7, ch. 10. — Denys d'Halicarnasse, liv. 2.

3. Montesquieu, *loc. cit.*

fait suivant : Un certain Plautius revenait d'une
expédition chez les Bretons, où il avait été victorieux.
A son retour, sa femme Pomponia Græcina, personne
distinguée, fut accusée d'une superstition étrangère
(de christianisme, sans doute), et soumise au jugement de son mari. Celui-ci examina sa conduite en
présence de ses proches et la déclara innocente. L'historien ajoute que Pomponia vécut longtemps, que
durant quarante années, elle consuma ses jours dans
la tristesse, ce qui ferait supposer qu'elle avait conservé un vif ressentiment des poursuites qu'on lui
avait infligées, et qu'au temps de Néron, les maris
exerçaient fort peu leur droit de jugement.

M. Troplong pense qu'à cette époque Plautius
n'aurait pas eu le droit de mettre sa femme à mort,
comme aurait pu le faire autrefois un mari sous l'empire de la *manus*. Suivant l'éminent jurisconsulte, le
droit de vie et de mort sur l'épouse dut disparaître
avec le même droit sur les enfants.

Ajoutons que sous le règne de Néron (54 après
J.-C.), le christianisme avait déjà fait d'immenses progrès ; sans doute, il n'avait pas abattu encore le paganisme, mais les doctrines sublimes qu'il enseignait
pénétraient toutes les classes de la société. Ceux
mêmes qui n'y croyaient pas ne pouvaient se sous-
traire à son influence ; selon toutes probabilités, c'est
de foi chrétienne que Pomponia avait été accusée : son
mari, quoique païen, n'eut pas le courage de la condamner. A la lumière des croyances nouvelles, les
idées fausses et les institutions barbares du monde
ancien tombaient une à une. Il n'est pas douteux que
cette rénovation religieuse et sociale ait porté un

coup décisif aux droits du mari sur la vie de la femme ; en fait, ce débris des mœurs païennes ne paraît guère avoir survécu au christianisme.

Sous le régime de la *manus*, le mari n'a pas seulement sur sa femme le droit de vie et de mort. Il a sur elle un autre droit qui est la conséquence du premier : il peut la vendre et en disposer comme de sa chose [1]. Le père n'a-t-il pas, en effet, la faculté de vendre ses enfants ? Or, la femme est dans la condition d'une fille : *loco filiæ habetur*. Rien d'étonnant donc que le chef de famille puisse disposer de sa femme comme il le pourrait d'une de ses filles : la logique commande cette solution.

Toute loi qui attribue à l'homme une propriété doit lui fournir le moyen de la conserver : c'est ce que l'on rencontre ici. Le mari étant propriétaire de l'épouse peut la revendiquer et se la faire restituer si elle se trouve aux mains d'un étranger. C'est ainsi que l'on voyait à Rome des procès dans lesquels une femme était l'objet du litige. Le demandeur s'en disait le mari, et soutenait qu'elle était tombée sous sa puissance, qu'elle lui appartenait. Le défendeur prétendait par exemple qu'il en était le père, qu'elle n'était pas sortie de sa propre puissance, qu'elle n'avait même jamais contracté mariage. Chaque partie exposait ses moyens, le juge statuait, et la malheureuse femme devait suivre celui des plaideurs qui triomphait [2].

1. *Pandectes* de Pothier, liv. 1, tit. 6. — M. Troplong n'est pas de cet avis; suivant lui, le père ne pouvait vendre sa femme, comme il pouvait vendre ses enfants. Il cite à l'appui de son opinion Niebuhr, t. 1, p. 321.
2. À l'origine, le mari réclamait sa femme par une action en revendication ; plus tard, le préteur lui accorda un interdit exhibitoire (Dig., liv. 6, tit. 1, l. 1, § 2 ; liv. 43, tit. 33, l. 2).

Je ne puis achever les effets de la *manus* sans mentionner un droit très-grave du mari concernant la
tutelle des femmes. A Rome les femmes étaient soumises à une tutelle perpétuelle dont la puissance paternelle ou maritale empêchait seule l'existence. On
donnait pour motif de cette sujétion la faiblesse de
leur sexe et la légèreté de leur esprit, mais ce n'était
là qu'un prétexte : le but véritable de l'institution,
c'était d'empêcher de leur part des dilapidations, afin
que leur fortune fût conservée à leurs parents mâles,
et ne sortît pas de la famille. En fait, c'étaient leurs
agnats, c'est-à-dire leurs plus proches parents
mâles qui étaient en même temps leurs héritiers
et leurs tuteurs; ils avaient intérêt à sauvegarder
un patrimoine qu'ils pouvaient recueillir plus tard
en qualité de successibles. D'ailleurs, les femmes
usèrent de ruse et firent si bien qu'elles trouvèrent
moyen d'écarter les tuteurs incommodants et de s'en
procurer de leur choix. « Nos ancêtres, dit Cicéron,
mirent les femmes en tutelle ; mais on a imaginé des
tuteurs qui sont sous la puissance des femmes [1]. »

Quoi qu'il en soit, cette tutelle fournissait au mari
un pouvoir important. Il lui était permis de nommer
par testament un tuteur à la femme qu'il avait *in
manu*. Ce droit se pratiquait de deux manières : ou
bien le testament désignait le tuteur *nominativement,*
et alors la personne indiquée était nécessairement
tutrice ; ou bien encore, si le mari était plus libéral,
il léguait à sa femme *l'option d'un tuteur,* et alors
celle-ci avait la faculté de se choisir elle-même un

---

1. Cic., *Pro Mur.*, c. XII, 27.

tuteur, et d'en changer jusqu'à ce qu'elle en trouvât un qui lui plût. Le tuteur expressément désigné était appelé tuteur *datif*; celui dont la femme faisait choix prenait le nom de tuteur *optif*.

Tels étaient les principaux effets de la *manus* maritale. Ils attestent comme toutes les institutions romaines les droits absolus du chef de famille et l'état humiliant des personnes assujetties à sa puissance. Disons cependant que l'élément moral tempérait l'élément juridique, que la tendresse conjugale faisait oublier la rigueur du droit, et que l'harmonie régnait souvent au foyer domestique. Les historiens latins nous font quelquefois un tableau touchant de la vie de famille dans l'ancienne Rome. « Le respect, dit Columelle, se mêlait à la concorde et aux soins vigilants... On ne voyait dans la maison rien de séparé, rien que le mari ou la femme prétendît être à bien propre ; chacun conspirait, au contraire, à rendre tout commun [1]. » A l'époque dont parle Columelle la *manus* existait cependant dans toute sa vigueur ; mais telle est le sort des institutions contre nature : les mœurs se chargent d'effacer ce que les lois ont de tyrannique.

II. *Pouvoirs du mari en dehors de la* MANUS. — Avant la chute de la *manus* dans le mariage libre, et sous Justinien dans tous les mariages, il existait une prééminence du mari sur la femme, une puissance maritale dans le sens universel du mot. J'ai établi déjà la réalité de cette puissance, et je l'ai fait par l'indication sommaire des effets qu'elle produit. Si le droit

---

1. Columelle, *De re rustic.*, lib. 12, præf., §§ 7, 8.

romain nous fournit des règles qui confèrent à
l'homme la direction de la société conjugale en l'absence de la *manus*, force est bien d'admettre une
suprématie maritale à toutes les époques de la législation romaine. C'est l'étude de ces règles que j'aborde
maintenant.

Chez les Romains, comme chez tous les peuples,
l'homme domine la femme. Dans l'état, il participe
seul aux droits politiques, il gouverne, il fait les lois,
même celles qui touchent de plus près aux intérêts de
la femme sans que celle-ci formule son opinion. Dans
la famille, les droits dévolus à l'homme ne sont pas
moins graves ; le mari a le droit de commandement
sur l'épouse ; quoi qu'il ordonne, celle-ci doit obéir ;
elle doit à son époux le respect que l'inférieur doit à
son supérieur, car, disent les textes, il y a plus de
dignité chez l'homme, *major dignitas in sexu virili* [1].
Ce respect est un principe admis par tout le monde
(*recepta reverentia*), et il n'est même pas permis aux
conjoints de faire des conventions qui s'en écartent [2].

Outre le droit de commandement dont je viens de
parler, en voici un second qui est la conséquence du
premier. C'est le mari qui fixe le domicile conjugal [3].
Nous savons avec quelle pompe et quelles cérémonies
l'épouse était conduite de la maison paternelle à la
demeure du mari dès le soir des noces ; elle venait
ainsi prendre immédiatement possession de sa nouvelle résidence. Puis, dans le cours du mariage, si le
mari changeait de domicile, sa femme devait le sui-

1. *Dig.*, liv. 1, tit. 9, l. 1.
2. *Dig.*, liv. 24, tit. 3, l. 14, § 1.
3. *Dig. liv.* 23, tit. 2, l. 5.

vre dans quelque lieu qu'il allât s'établir. Elle était
tenue d'habiter avec lui ; si elle s'éloignait du toit
conjugal pour se réfugier chez un étranger, le mari
avait le droit de la rappeler, et si elle n'obéissait pas,
il pouvait venir devant le juge et faire condamner
l'étranger qui la retenait à la livrer (*Voir* ci-dessus
p. 39, note 2).

L'épouse ne subissait pas sans compensation la prépondérance maritale. Elle avait droit à la protection
de son mari, à la nourriture, à l'entretien et au logement. Elle recevait le titre de *uxor* (épouse), qualification aussi honorable pour elle que celle de *vir* l'était
pour l'homme. Dans la société, les mœurs plaçaient
l'épouse à côté de l'époux ; elle participait à ses honneurs et à ses dignités. « Nous appelons *femmes con-*
sulaires, dit Ulpien, les épouses des consuls [1]. » Le
même jurisconsulte dit ailleurs : « Les femmes mariées.
à des hommes décorés du titre de *clarissimes* portent
la même qualification.... car les maris attribuent aux
femmes cette dignité [2]. » Ainsi, la femme d'un consul, d'un sénateur, d'un préfet du prétoire était envi-
ronnée du respect et du prestige qui s'attachaient à
ces hautes fonctions. Aussi l'épouse romaine, s'adres-
sant à son mari, pouvait-elle lui répéter la magnifique
maxime devenue vulgaire : « *Ubi tu Caius, ego Caia* »,
c'est-à-dire : « Tu portes le nom de Caius et moi je
prends celui de Caia ; tes honneurs sont les miens et
tes dignités m'appartiennent. » A ce point de vue
plutôt moral que rigoureusement juridique, nous

---

1. *Dig.*, lib. 1, tit. 9, l. 1, § 1.
2. *Ibid.*, l. 8.

sommes loin de la *manus*, qui faisait du mari un des-
pote et de la femme une esclave.

A côté de ces droits et de ces devoirs, que l'on peut
appeler généraux, il est certains pouvoirs du mari
spéciaux à quelques institutions romaines et qu'il
n'est pas permis de passer sous silence. Ces pouvoirs
se réfèrent : 1° au châtiment des injures faites à la
femme ; 2° au divorce.

1° J'ai dit que le mari était le protecteur de l'épouse.
La répression des injures, soigneusement réglée par
les Romains, nous en fournit un exemple. Une femme
peut être injuriée de diverses manières : on a ameuté
la foule autour d'elle sur une place publique, on l'a
suivie dans les rues de la ville, on l'a provoquée par
des discours séduisants, on a attenté à sa pudeur par
des propos obscènes, on l'a séparée de la personne
qui l'accompagnait : dans tous ces cas et autres semblables, la femme a été outragée et l'injure a rejailli sur
le mari. C'est une conséquence de cette communauté
de vie indivisible qui s'établit entre les conjoints : qui
insulte l'épouse insulte l'époux, et celui-ci peut agir
en justice par l'action d'injure. Deux actions lui
appartiennent : celle de sa femme et une seconde qu'il
exerce en son propre nom, car si l'épouse a été outragée personnellement, l'époux l'a été indirectement.
« En sens inverse, dit Justinien, si une injure a été
faite au mari, la femme ne peut pas intenter l'action ;
car on a constitué les maris défenseurs de leurs femmes, et non les femmes de leurs maris [1].

1. *Inst.* de Justinien, liv. 4, tit. 4, §§ 1 et 2. — *Dig.*, liv. 47, tit. 10,
l. 11, § 24.

Pour que le mari soit tenu de punir les outrages dont sa femme est l'objet, il n'est pas nécessaire qu'il l'ait en sa puissance (*in manu*). L'identification que le mariage produit entre les époux n'a rien de commun avec la *manus*; sous Justinien, la *manus* n'existe même plus, et cependant l'empereur accorde l'action d'injure au mari [1].

Le mari exerçait aussi un droit important en matière de divorce. La plupart des peuples qui ont admis le divorce ont reconnu à l'homme des droits plus étendus qu'à la femme. Chez les Juifs le divorce existait, mais il n'était pas facultatif pour les deux époux. Le mari seul avait le droit de répudiation; un droit réciproque n'était point dévolu à la femme. Cette tyrannie domestique amena des abus incroyables : on vit des rabbins, des ministres de la religion pourtant, enseigner qu'un mari pouvait répudier sa femme, parce que celle-ci avait laissé *brûler son bouillon*, ou parce qu'il en trouvait une plus belle. Cette iniquité prépara la réforme : l'épouse conquit le droit de réciprocité et put elle-même répudier son mari. Ce fut une princesse, Salomé, sœur d'Hérode, qui la première mit en pratique cette nouvelle conquête [2].

A Rome, les choses se passèrent comme en Judée. Un droit de répudiation exclusivement réservé au mari fut institué par Romulus. Il fut permis au mari de répudier sa femme, lorsque celle-ci se rendait coupable d'adultère, préparait du poison ou falsifiait

---

1. Ortolan, t. 3, n°. 1767.
2. *Le Nouveau Monde*, par Louis Blanc, 4e numéro, 15 octobre 1849.

les clefs ; mais un droit corrélatif n'appartenait point
à l'épouse. Plutarque, qui nous a transmis ces détails,
critique avec beaucoup de sens les rigueurs d'une
pareille loi.

Il paraît, d'ailleurs, que les divorces furent rares
dans l'ancienne Rome. Les historiens en citent peu
d'exemples avant celui de Carvilius Ruga qui, vers
l'an 523, répudia sa femme pour cause de stérilité.
Plus tard, les mœurs se corrompirent, et le nombre
des divorces devint scandaleux. Les femmes avaient
conquis comme en Judée le droit de répudiation et il
paraît qu'elles en usaient, car Sénèque a pu dire que
de son temps, « les femmes comptaient les années
par leurs maris plutôt que par les consuls ».

Dans le dernier état du droit romain, la faculté de
divorcer est donc commune aux deux époux. Il est un
cas, cependant, dans lequel ce droit est conféré exclusivement au mari. Le maître d'une femme esclave
peut l'affranchir et l'épouser ; dans cette hypothèse,
le droit de répudiation n'appartient qu'au patron
devenu le mari de son affranchie ; il aurait pu maintenir dans la servitude la femme qu'il s'est donnée :
il est juste qu'il puisse la conserver comme épouse [1].

Tels sont les principes qui régirent la personne des
époux chez les Romains ; quelques-uns se sont perpétués dans les lois modernes et la plupart ont disparu ; mais on aime à connaître les institutions de ce
peuple dont le rôle fut si grand dans l'histoire de
l'humanité et dont le génie porta si haut la science du
droit. Sans doute, cette législation n'est pas à l'abri

1. *Dig.*, liv. 24, tit. 2, l. 10 et 11.

de la critique; les notions mêmes qui viennent d'être exposées le prouvent surabondamment. Mais on ne juge pas le droit d'un peuple à une seule époque de son histoire; il faut l'envisager dans ses transformations successives; or, pour qui considère l'ensemble des lois romaines sur le pouvoir marital depuis les temps anciens jusqu'à la fin de l'empire, les droits du mari sont loin de constituer une tyrannie permanente. Les premiers siècles, il est vrai, nous offrent des règles austères, inflexibles, oppressives : le chef de famille tue sa femme, la vend ou la répudie sans que les pouvoirs publics interviennent pour réprimer ses écarts. Mais les âges s'écoulent : à côté du mariage strict, qui met l'épouse dans un état voisin de la servitude, apparaît le mariage libre. La femme a conquis un avantage précieux : elle peut contracter mariage et rester cependant sous la puissance de son père. Cette puissance est absolue, je le sais, comme celle du mari; mais le lien du sang est une garantie de tendresse et modère le despotisme légal. D'ailleurs, il est possible que la femme soit libérée de la puissance paternelle, qu'elle soit *sui juris*, et alors en contractant un mariage libre elle conserve sa liberté, elle demeure *sui juris*. Enfin la *manus* elle-même s'efface; tous les mariages deviennent libres; l'épouse véritablement émancipée ne doit au mari que l'obéissance et les obligations qui en découlent. Sous l'influence de la religion nouvelle, du christianisme qui n'a établi aucune distinction d'origine entre les deux êtres humains, elle a conquis ses droits légitimes et sa place naturelle au foyer domestique. Nous verrons même que la réaction, ou plutôt le progrès

alla trop loin peut-être ; mais recherchons d'abord
quels sont les pouvoirs du mari sur les biens de la
femme.

§ II. — Pouvoirs du mari sur les biens de la femme.

I. *Origine de la dot ; son influence morale.* —
A la naissance des sociétés, le mariage n'offre pas
les caractères élevés que nous attribuons à cette institution. Les hommes n'y voient qu'une convention
ordinaire, un marché. Le mari achète sa femme ;
la femme paie le prix de son mari (*Voir* p. 24 et suiv.)
Chaque époux reçoit une valeur en échange de sa
personne ; il se vend comme on transmet une denrée
ou un produit. Mais ces mœurs grossières s'effacent
devant les lumières des sociétes en progrès ; les
esprits se développent, les connaissances s'étendent
et l'opinion que les hommes ont conçue du mariage
se spiritualise. La personne des époux n'est plus
représentée par une valeur matérielle ; chacun d'eux
se livre, mais il reçoit en retour la personne de son
conjoint ; l'être humain se sépare de la chose ; le
mariage devient une confusion des corps et surtout
une communion des âmes ; l'homme et la femme
légitimement unis n'ont plus qu'une même religion et
qu'un même droit, *divini et humani juris com-
municatio.*

Ces considérations nous fournissent l'origine de
la dot. Dans les premiers siècles, l'apport de la
femme était regardé comme le prix du mari ; mais
la civilisation étouffa bientôt cette idée barbare.
L'apport fut maintenu, car il fallait pourvoir aux
exigences matérielles du ménage ; seulement, il ne

fut plus considéré comme le prix de l'époux ; il devint un fonds destiné aux charges du mariage , c'est-à-dire une dot. C'est ainsi que M. Troplong explique l'origine de la dot, et sa conjecture paraît assez vraisemblable.

De bonne heure, les législateurs redoutèrent l'influence morale de la dot. Permettre aux femmes d'apporter une dot à leurs maris, n'était-ce pas leur conférer un ascendant dangereux ? Qu'allait devenir l'épouse richement dotée, sinon une créature in-docile, pleine d'arrogance et de hauteur, vantant toujours sa fortune et harcelant le mari de ses bravades ? Lycurgue , préoccupé de cette idée, interdit la dot à Sparte [1]. Il voulait faire des femmes de fortes citoyennes, de vigoureuses génératrices, mais rien de plus. Les jeunes filles luttaient dans l'arène presque nues en présence des hommes , mais elles n'avaient pas le droit de se choisir un époux. On les enfermait dans un lieu obscur où chaque homme prenait celle qu'il devait épouser. On leur défendait d'avoir une dot, car elles auraient pu s'en faire une arme pour secouer le joug marital. Platon dit des femmes sans dot qu'elles « seront moins insolentes, et que les maris seront moins esclaves et moins rampants devant elles, à cause de la riche dot qu'elles auront apportée ». [2] Cette législation n'atteignit pas le but qu'elle se proposait ; les femmes n'en devinrent que plus impérieuses et plus hautaines ; elles se flattaient de commander

1. Troplong, *Du contrat de mariage*, préface. Justin, 3, 3.
2. Troplong, *loc. cit.* —Platon, *Des lois*, traduction de M. Cousin, t. 7, p. 354.

aux hommes et seules de porter des hommes. « Les lois opposées à la nature, dit M. Troplong, trompent toujours l'espérance de leurs auteurs [1]. »

Le législateur athénien prohiba la dot comme Lycurgue, mais pour un autre motif ; son intention était de prévenir les mariages d'intérêt. Plutarque rapporte que Solon interdit à Athènes les douaires et les dots, ne voulant pas que les femmes *achetassent leurs maris*, et ne permettant que *l'apport de trois robes, afin que la conjonction de l'homme et de la femme se fît pour avoir lignée et pour plaisir et amour, et non pour avoir argent*. Mais il paraît que Solon manqua son but comme Lycurgue et que les dots devinrent à Athènes le droit commun.

A Rome la dot fut autorisée ; elle se composait de valeurs mobilières ou immobilières que la femme apportait au mari pour l'aider à soutenir les charges du mariage. A l'origine, la dot partageait le sort de l'épouse elle-même ; elle tombait *dans la main* du mari et devenait sa propriété absolue. Plus tard elle changea de caractère ; elle resta en principe la propriété du mari, mais en fait c'était la chose de la femme [2], tellement que des auteurs ont pu considérer celle-ci comme réellement propriétaire.

Au point de vue moral où je me place en ce moment, l'institution de la dot semble avoir réalisé à Rome les craintes que Lycurgue avait conçues à Sparte. La dot, dit-on, faisait échec à la prépondérance du mari ; celui-ci restait presque sans droit sur la personne de

1. Troplong, *loc. cit.*
2. *Quamvis in bonis mariti dos sit, mulieris tamen est* (*Dig.*, liv. 23, tit. 3, l. 75).

l'épouse et sur tout ce qu'elle possédait en dehors de
ses biens dotaux. Les comiques de Rome nous peignent
sans cesse l'arrogance des femmes dotées et, au contraire, la vertu et le mérite des femmes sans dot.
« La femme qui n'a pas apporté de dot, dit un per-
sonnage d'une comédie de Plaute, est en la puissance
de son mari ; mais celle qui a été dotée accable son
mari de vexations et le ruine[1]. » Tout cela est-il,
comme on le suppose, la conséquence d'une constitution dotale ? Je ne le crois pas. Bien des circonstances expliquent ce ton impérieux des dames romaines,
surtout à la fin de l'empire. Durant de longs siècles,
leur asservissement avait été tel, que, lorsque le frein
fut brisé, leur orgueil ne connut plus de bornes. La
liberté presque absolue qui leur fut laissée après
leur servitude favorisait merveilleusement leurs désirs d'émancipation et facilitait les vexations qu'elles
infligeaient à leurs maris. Il va sans dire que ce soulèvement contre l'autorité maritale se manifestait
surtout chez les femmes dotées, car celles-ci étaient
riches, et la conscience qu'elles avaient de leur fortune leur inspirait plus de hauteur. Mais eussent-elles
été sans dot, ayant conservé tout leur patrimoine à
titre paraphernal, que leur arrogance n'eût pas été
moindre. C'était leur richesse qui les exaltait, plutôt
que leur dot. Les femmes sans dot, c'est-à-dire sans
fortune, avaient plus d'humilité ; elles trouvaient des
secours utiles dans le patrimoine ou le travail de leur
mari ; leur dépendance pécuniaire se traduisait en

---

1. *Nam quæ indota est, ea in potestate est viri ; dotatæ mactant et
malo et damno viros* (Plaute, *Aulul.*, 4, 5, 60).

sentiments affectueux, et leur pauvreté même était la source de leurs vertus.

Ces idées, d'ailleurs, ne pénétraient pas dans la pratique des faits. La passion de l'or dominait dans le cœur des Romains l'amour du commandement. Leur puissance de mari dût-elle en souffrir, qu'ils n'en recherchaient pas moins les dots opulentes. Les poëtes comiques les prêchaient en vain, leur vantant la sagesse des femmes non dotées ; les filles riches étaient l'objet de leurs prédilections, et celles qui étaient pauvres avaient beaucoup de peine à se marier.

Je dois exposer les pouvoirs du mari sur les biens dotaux. Au point de vue purement juridique, cette matière est certainement la plus importante de celles que j'ai à présenter sur la puissance maritale des Romains. Je n'ai pas l'intention de la traiter dans tous ses détails ; laissant de côté les règles qui concernent la constitution et la restitution de la dot, je me bornerai à faire un exposé rapide de principes qui caractérisent les pouvoirs du mari sur les biens dotaux et dont la notion est nécessaire pour la saine intelligence du régime dotal français.

J'examinerai les pouvoirs du mari sur la dot avant Justinien, puis ces mêmes pouvoirs sous le règne de cet empereur ; je ferai connaître, en dernier lieu, la condition des paraphernaux, à laquelle je rattacherai la question intéressante de la capacité de la femme mariée chez les Romains.

II. *Pouvoirs du mari sur la dot avant Justinien.* — Sous le régime de la *manus* et dans le mariage strict, la notion de la puissance maritale sur la dot est très-simple : le mari exerce sur les biens dotaux tous les

pouvoirs possibles. La personne de l'épouse s'absorbe
dans celle de l'époux, et cela est vrai de la personne
juridique comme de la personne physique. De même
que la femme ne s'appartient pas, de même elle n'est
pas propriétaire des biens qu'elle apporte à son mari.
Ce dernier tient tout dans sa main souveraine : droit
sur la vie et la conduite de sa femme, droit absolu sur
les biens que celle-ci lui remet. Il est propriétaire
de la dot : il la donne, la vend, la dissipe, l'administre
et en jouit comme il l'entend, et lorsque vient la dissolution du mariage, il n'est pas tenu de la restituer.

Le pouvoir marital sur les biens dotaux, si étendu
à l'origine, reçut avec le temps des restrictions successives dont voici la première : Le mari reste propriétaire des biens dotaux, mais *il doit les restituer* à
la dissolution du mariage. Quant au mode de restitution, il varie suivant la nature des biens que l'on
divise, à ce sujet, en deux catégories : l'une comprend les choses qui se consomment par le premier
usage, telles que l'huile, le blé, le vin, etc., le mari
devient maître absolu de ces choses; il en a la disposition, car on ne peut en tirer parti sans les détruire.
Cette première classe comprend encore les biens estimés dans le contrat constitutif de la dot. On avait
admis, en effet, que la pensée des parties, en cas
d'estimation des choses dotales, était de transférer la
propriété de ces choses au mari, et l'on disait que
l'estimation valait vente : *œstimatio venditio est.* Lorsqu'un bien dotal a été mis à prix, il est donc censé
vendu au mari et lui appartient absolument. En ce
qui touche les biens de cette première catégorie, la
restitution devra en être faite à la dissolution du ma-

riage et elle aura pour objet soit d'autres choses en même nature, qualité et quantité, soit le prix de l'estimation.

La seconde catégorie embrasse tous les biens qui n'ont pas été classés dans la première, tels que les animaux domestiques, les instruments agricoles, les fonds de terre, les édifices; en un mot, toutes les choses que l'on emploie à un usage continu et qui n'ont point été estimées. Ces choses doivent être restituées identiquement lorsque l'union matrimoniale est dissoute.

Dans ce système de législation, le mari est soumis à la restitution de la dot; mais où est la sanction de son obligation? Elle n'existe pas. Si le mari aliène, comme il en a le droit, tous les biens dotaux, et qu'à la dissolution du mariage il se trouve insolvable, quel sera le recours de la femme, comment se fera-t-elle restituer sa dot? Evidemment elle n'aura pas de recours; son action de dot contre son mari tombera dans le vide, puisque celui-ci ne possède rien.

Ce péril pour la femme de perdre sa dot devait éveiller la sollicitude du législateur. Il était réservé à l'empereur Auguste, qui opéra un remaniement complet dans le droit des familles, d'introduire sur ce point une grave innovation. Sous son règne furent portées des lois célèbres qui eurent pour cause la corruption des mœurs à cette époque. M. Ortolan peint très-bien la situation : « Les derniers temps de la république, dit-il, avaient offert une dépravation de mœurs étonnante, le mariage des citoyens *(justæ nuptiæ)* avait été abandonné, ou changé en libertinage par des divorces annuels. On pourrait dire

alors des dames romaines : elles ne comptent point
les années par les consuls, mais par leurs maris. Le
célibat était chose de mode. Les guerres civiles et les
proscriptions avaient laissé de grands vides dans les
familles; et sous le flot des esclaves, des affranchis
ou des pérégrins la race des citoyens s'en allait. Plus
d'une fois la censure avait signalé le péril. Auguste
tenta de remédier par la législation et la fiscalité à la
corruption des mœurs et à l'épuisement de la population légitime [1]. » Plusieurs lois furent rendues
dans ce but. Celle qui doit nous occuper est un plébiscite fameux, connu sous le nom de *loi Julia sur les*
adultères et le fonds dotal, voté en l'an 737 de la fon-
dation de Rome. Ce plébiscite, dis-je, doit nous
arrêter, car il modifia profondément les pouvoirs du
mari sur la dot, et il est le point de départ d'un principe qui joua un grand rôle dans le droit romain et
qui s'est perpétué jusqu'à nos jours, je veux parler
de l'inaliénabilité du fonds dotal.

Quelle fut l'économie de la loi *Julia?* Auguste voulait, nous l'avons vu, relever les mœurs et encoura-
ger au mariage. Il prit les Romains par leur côté vul-
nérable : la passion de l'or. Puisque les divorces
étaient fréquents, ne devait-on pas sauvegarder soigneusement les biens dotaux, afin que la femme
divorcée pût plus facilement, par la séduction d'une
riche dot, rencontrer un nouvel époux? « Il importe
à la république, disait-on, que les femmes conservent leur dot, pour qu'elles puissent contracter ma-

---

1. Ortolan, *Explication historique des Instituts de l'empereur Justinien,*
t. I, n° 353.

riage [1]. » La loi *Julia* fut conçue dans cet ordre
d'idées. Elle proclama le principe que la dot ne pourrait être aliénée sans le consentement de l'épouse,
et qu'elle ne pourrait être hypothéquée même
avec ce consentement [2]. Cette distinction entre l'aliénation et la constitution d'hypothèque paraît au
premier abord singulière : l'hypothèque est prohibée
plus strictement que l'aliénation! Comment! une
vente ou une donation qui fait passer la dot immédiatement dans le domaine d'un tiers n'est-elle pas plus
grave que l'hypothèque qui prévient une poursuite,
une saisie peut-être, et conserve le bien dans le
patrimoine conjugal ? Rien de plus sage pourtant que
cette disposition. L'aliénation, il est vrai, est plus
grave que l'hypothèque; mais la femme la conçoit
mieux, elle s'y prêtera plus difficilement. Au contraire, l'hypothèque a des conséquences sur lesquelles la femme peut se faire illusion. Son mari lui fait
espérer qu'il saura trouver des fonds et satisfaire les
créanciers, que son bien ne court aucun risque. La
femme consent à l'hypothèque, puis l'échéance arrive,
le mari ne paye pas, le bien est vendu et la perte de
la dot est consommée. Tel est le péril auquel la femme
serait en butte si elle pouvait consentir à l'hypothé-
que comme à l'aliénation ; voilà pourquoi la première est plus sévèrement défendue que la seconde.
La loi prohibe plus strictement ce qui a lieu le

1. *Dig.*, liv. 23, tit. 3, l. 2.
2. *Dig.*, liv. 23, tit. 5, l. 4. *Inst.* de Justinien, liv. 2, tit. 8, pr. — Plusieurs interprètes pensent que la prohibition de l'hypothèque n'était point
contenue dans la loi *Julia*, mais qu'elle fut puisée dans une combinaison
de cette loi avec le sénatus-consulte Velléien.

plus aisément : *lex arctius prohibet quod facilius fieri potest.*

La loi *Julia*, rendue sous le premier empereur romain, se maintint durant tout l'empire, et Justinien, loin de l'abroger, en aggrava encore les dispositions.

III. *Pouvoirs du mari sur la dot au temps de Justinien* (527 à 565 après J.-C.). — Je viens de dire que la loi *Julia* fut aggravée sous Justinien. En effet, cet empereur pensa que le plébiscite du règne d'Auguste n'offrait pas encore à la femme des garanties suffisantes.

La loi *Julia* mettait un frein au pouvoir du mari, mais ne protégeait pas la femme contre sa propre faiblesse. Sollicitée par les prières ou les menaces du maître, l'épouse pouvait céder et consentir des ventes désastreuses. Justinien, ayant à cœur la conservation assurée de la dot, décida, par une constitution de l'an 530, que l'aliénation comme l'hypothèque ne pourrait avoir lieu, même avec le consentement de la femme. Ainsi, la dot devenait complétement indisponible ; l'inaliénabilité des biens dotaux, signe caractéristique du régime dotal romain comme du régime dotal français était fondée.

Voyons quels sont, au temps de Justinien, c'est-à-dire dans le dernier état du droit romain, les pouvoirs du mari sur la dot. Et d'abord, demandons-nous quel est le propriétaire des biens dotaux : est-ce le mari ? est-ce la femme ?

Il semble qu'une question si fondamentale, si élémentaire devrait être surabondamment tranchée par les textes et bien facile à résoudre : et cependant nulle question n'offre plus d'embarras. D'une part, des lois nombreuses d'une précision et d'une clarté

irréprochables déclarent le mari propriétaire de la dot;
d'autre part, des lois non moins claires et non moins
précises proclament que la dot appartient à la femme.

Dans ce conflit de lois romaines, les interprètes se
sont divisés, les uns affirmant la propriété du mari,
les autres soutenant celle de la femme. Avant d'entrer dans le cœur même de la difficulté, je dois éliminer deux cas où la controverse ne saurait s'élever,
et où l'on peut, en toute assurance, déclarer le mari
propriétaire.

Nous connaissons ces deux hypothèses : la première est celle où il s'agit de choses qui se consomment par le premier usage (*Voir* p. 53). Le mari, nous
l'avons dit, ne pouvant utiliser ces choses sans les
détruire, en est certainement propriétaire. Ainsi, la
femme a remis en dot au mari cent mesures de blé;
il est clair que le mari est propriétaire de ce blé;
il peut le vendre ou le consommer, sauf à restituer,
à la dissolution du mariage, cent autres mesures de
blé de même qualité.

Autre hypothèse : la femme a apporté en dot un fonds
de terre, et ce fonds de terre est estimé dans le contrat
dotal. Nous savons que l'estimation vaut vente au
mari ; c'est comme si le mari eût acheté l'immeuble,
pour le prix de l'estimation. Il est donc devenu propriétaire du fonds, et, à la dissolution du mariage,
il restituera non pas l'immeuble en nature, mais sa
valeur estimative. Le principe que je pose ici s'applique, d'ailleurs, aux meubles comme aux immeubles ; l'estimation vaut vente pour les uns comme
pour les autres. L'estimation cependant ne produit
a vente qu'autant qu'elle est pure et simple. Si l'acte

dotal contient des réserves, si la femme a stipulé qu'à l'extinction du mariage elle reprendrait l'objet estimé en nature, il est clair qu'alors l'estimation ne vaut pas vente. Les parties n'ont fixé le prix de l'objet que pour faciliter la restitution d'une valeur corrélative, dans le cas où le mari laisserait la chose périr ou se dégrader. Cette estimation que l'on appelle : *æstimatio taxationis causa* n'équivaut point à une vente. Le point de savoir si le mari est propriétaire de l'objet estimé se présente donc en pareil cas[1]. Il faut observer que dans les deux hypothèses ci-dessus, qu'il s'agisse de choses de consommation, ou d'objets estimés purement et simplement, les biens apportés par la femme ne font même pas partie de la dot ; ils sont tombés définitivement dans le patrimoine du mari ; il n'y a de dotal que le montant de l'estimation.

Cela posé, arrivons à notre question, à qui appartiennent tous les biens apportés par la femme, autres que les choses fongibles[2] et les objets estimés sans clauses de restitution. Nous venons de voir que les lois romaines étaient divergentes sur ce point. Les unes attribuent la propriété de la dot au mari, les autres à la femme. Je n'entreprendrai point l'énumération de ces lois. Qu'il me suffise de citer le titre VIII, livre II (*in prœmio*) des Institutes, dans lequel Justinien établit formellement la propriété du mari, et la loi 75 du livre XXIII, titre III du Digeste, où le

---

1. *Voir*, sur ces deux sortes d'estimation, les lois 10, §§ 4 et 5, et 69, § 7. *Dig. De jure dot.*

2. On appelle en droit choses fongibles les choses qui se consomment par le premier usage.

jurisconsulte Tryphoninus semble déclarer simultanément le mari et la femme propriétaires de la dot.
« Quoique la dot soit dans les biens du mari, dit-il,
cependant elle appartient à la femme. » Et plusieurs
autres lois se servent de termes équivalents.

Voici, ce me semble, comment peut s'expliquer
cette divergence. Dans l'ancien droit, le mari était
incontestablement propriétaire de la dot. Voilà le
principe dominant de la matière, la règle fondamentale qui survit à la loi *Julia*, qui se rencontre à tout
instant sous la plume des jurisconsultes romains,
même à une époque où le mari n'a plus sur la dot
les droits ordinaires de la propriété. Sous l'empire de
la loi *Julia*, le mari ne peut hypothéquer le fonds
dotal, et il ne peut l'aliéner sans le consentement de
la femme. Sous Justinien, l'aliénation est mise au
même rang que l'hypothèque. Le mari doit restituer
les biens dotaux à la dissolution du mariage. Dans un
autre ordre d'idées, la dot ne compte pas au mari,
lorsqu'un certain avoir est nécessaire pour l'exercice
des charges municipales [1]. On le voit : les attributs
essentiels de la propriété sont enlevés au mari ; cependant, les jurisconsultes laissent tout cela dans l'ombre, et déclarent le mari propriétaire. Ne voyons là
qu'une chose : le respect exagéré des Romains pour
leurs principes surannés ; ils tournent une loi de
mille manières, ils l'éludent tellement qu'il n'en reste
presque rien, mais ils la proclament sacrée et la
conservent en apparence du moins comme un monument vénéré.

Ce fait est remarquable dans la matière qui nous

---

1. *Dig.*, liv. 50, tit. 1, l. 21, § 4.

occupe. A côté des textes où le pouvoir du mari paraît intégralement maintenu, la vérité se fait jour. Les jurisconsultes, et après eux les lois, affirment la propriété de la femme. Cette législation indécise se perpétue jusqu'à la fin de l'empire. Le prince législateur par excellence, Justinien, monte sur le trône : quel est son système ? « Les choses, dit-il dans une constitution de l'an 529, qui appartenaient à la femme dès le principe (avant le mariage), *restent naturellement dans son domaine.* La subtilité des lois, qui semble les faire passer dans le patrimoine du mari, ne peut ni altérer ni obscurcir la vérité [1]. » Ainsi Justinien trouve une formule à l'état du droit sur la propriété de la dot.

Les lois font passer la dot dans le patrimoine du mari ; mais c'est là une subtilité ; au fond c'est la femme qui en est propriétaire, ou, si l'on veut, le mari a la *propriété civile* de la dot et la femme en a la *propriété naturelle.* Sans doute ce système ne satisfait pas pleinement l'esprit ; j'aimerais mieux, pour mon compte, une règle qui prononçât, une fois pour toutes, la propriété soit du mari, soit de la femme ; mais en présence de la constitution précitée, une autre opinion ne me paraît pas possible.

. Le mari est donc proclamé propriétaire de la dot.

Etudions les conséquences de ce principe, nous verrons en même temps les restrictions qu'il comporte et qui permettent de reconnaître à la femme une propriété au moins naturelle.

Puisque le mari tient la dot dans son domaine,

---

1. Cod., liv. 5, tit. 12, l. 30.

peut-il en disposer, peut-il l'aliéner ? Ceci nous conduit à l'examen du principe dominant de notre matière : l'inaliénabilité du fonds dotal.

Nous savons déjà que Justinien complétant la loi *Julia* déclara le fonds dotal insusceptible d'aliénation et d'hypothèque. Développons maintenant cette prohibition ; et pour cela il nous faut recourir à une distinction aussi importante chez les Romains que chez nous, à la division capitale en droit des meubles et des immeubles. Voyons comment s'applique le principe de l'inaliénabilité : 1º à la dot mobilière, 2º à la dot immobilière.

1º *Dot mobilière.* — On sait que les meubles sont, en droit, toutes les choses que l'on transfère ou qui se transfèrent elles-mêmes d'un lieu dans un autre, telles que les meubles meublants, les ustensiles de ménage, les chars, les animaux, etc. Les titres et papiers sont aussi des meubles ; il en est de même des créances. Nous verrons, cependant, qu'une créance d'immeuble, c'est-à-dire un titre en vertu duquel une personne est tenue de nous procurer la propriété d'un immeuble est considérée comme immobilière.

Les choses que je viens d'énumérer et toutes celles qui sont de même nature forment la dot mobilière. Le mari est propriétaire de ces choses, et ici son pouvoir n'est pas atteint par la loi *Julia*. C'est une règle certaine dans le droit romain que la dot mobilière est aliénable [1] ; le mari peut la

1. L'inaliénabilité ne frappe pas la dot mobilière. Des arguments en ce sens résultent du § 63, *Comment. II* de Gaius, où l'auteur parle de *prædium dotale* pour désigner la dot inaliénable; du pr. liv. 11, tit. 8, des *Institutes*,

vendre, la donner, en disposer à son gré, sans qu'aucune nullité vienne frapper ses actes. Il n'y a point à distinguer entre les meubles évalués dans le contrat et ceux qui ne l'ont pas été ; le mari est propriétaire de tous ; il peut aliéner les uns comme les autres.

Nous trouvons une preuve décisive que la dot mobilière est aliénable dans le fait suivant : en droit romain, les esclaves sont des choses mobilières et peuvent être vendus comme telles. Or, il est incontestable que le mari a le droit d'affranchir les esclaves dotaux ; cela résulte de plusieurs textes (*voir surtout* la l. 21, Dig. 40, 1). Si le mari peut affranchir un esclave dotal, on peut dire qu'à plus forte raison il lui est permis de le vendre, car l'affranchissement est plus grave que la vente. Tandis qu'en effet l'affranchissement dépouille le propriétaire sans une suffisante compensation, la vente lui assure un prix en échange de sa chose. Ainsi, partant de l'idée que le mari peut affranchir l'esclave dotal, nous arrivons à cette conséquence forcée, qu'il lui est permis de le vendre, et poussant plus loin le raisonnement nous dirons : si le mari a la facilité de vendre une esclave dotal, c'est-à-dire la plus importante des choses mobilières, à plus forte raison peut-il aliéner tous les autres meubles.

Je l'ai déjà fait pressentir : la dot mobilière com-

où Justinien emploie la même expression ; de la rubrique des titres du *Dig.* et du *Cod. De fundo dotali.* Il est certain, en effet, que les mots : *prædium* et *fundus* ne s'appliquent qu'aux immeubles (*Dig.*, liv. 50, tit. 16, ll. 60 et 115). — *Voir*, sur cette question importante, Ducaurroy, t. 1, p. 400 ; Ortolan, t. 2, p. 401 ; Demangeat, *De la condition du fonds dotal en droit romain*, p. 12 et suiv.

prend quelquefois même des choses incorporelles, des créances. Or, le mari peut-il disposer d'une créance dotale ; peut-il en faire remise au débiteur ? Il faut distinguer : si la créance a pour objet des meubles, par exemple, cent mesures de blé, dix mille sesterces, sans aucun doute il est loisible au mari de la céder, d'en faire remise au débiteur, de l'aliéner en un mot comme toute chose mobilière. Mais si la créance a pour objet un immeuble, elle s'identifie en quelque sorte avec le fonds qu'elle permet d'obtenir ; aliéner cette créance ce serait aliéner l'immeuble lui-même. Il s'agit là, à proprement parler, d'un héritage immobilier compris dans la dot ; or le mari n'a pas le droit d'aliéner les immeubles dotaux [1].

2º *Dot immobilière.* — Ici nous sommes complétement sous l'empire de la loi *Julia.* La dot immobilière déclarée inaliénable au temps d'Auguste l'a toujours été depuis cette époque. Nous en savons le motif ; il importe à l'état que les femmes conservent leur dot, pour qu'elles puissent contracter mariage. Mais pourquoi la prohibition ne s'applique-t-elle qu'aux immeubles ?

Est-ce qu'il n'importe pas à la société que la dot mobilière soit conservée ? Dans tous les temps le législateur a placé les meubles bien au-dessous des immeubles. A Rome surtout la possession du sol et des édifices était la première des richesses. Les villas magnifiques des grands citoyens de la république et de l'empire sont restées célèbres, et l'histoire nous raconte les troubles sanglants que le partage des terres

1. Demangeat, *De la condition du fonds dotal en droit romain,* p. 23 et suiv.

fît éclater. Tandis que la fortune immobilière déployait ce luxe et excitait les convoitises du peuple, les objets mobiliers n'avaient guère de valeur ; à part les esclaves qui étaient nombreux, les meubles ne formaient que l'accessoire de la richesse, et l'on conçoit que la loi *Julia* les ait négligés. Nous verrons la même distinction se reproduire chez nous ; nous nous demanderons alors si elle se justifie aujourd'hui comme à Rome, et nous étudierons la difficulté qu'elle soulève sous le régime dotal français.

A un autre point de vue évidemment plus vrai , car le fait est de tous les temps , la distinction des meubles et des immeubles, en ce qui concerne l'aliénabilité de la dot, s'explique parfaitement. Les meubles circulent et doivent circuler rapidement dans le commerce ; les déclarer inaliénables, ce serait entraver les opérations commerciales, ce serait tarir l'une des sources fécondes de la fortune publique. Ajoutez l'impossibilité presque absolue de sanctionner une pareille interdiction ; proclamez tant que vous voudrez la dot mobilière inaliénable ; si le mari vend un cheval ou une voiture, la chose vendue, passant immédiatement d'acheteur en acheteur, sera demain peut-être à cent lieues de distance , entre les mains d'un inconnu ; en dépit de la loi, l'aliénation sera consommée et l'objet perdu pour la femme. Celle-ci n'aura même qu'un recours inutile contre son mari, s'il est insolvable : autant eût valu permettre l'aliénation.

Tenons donc pour certain qu'à Rome la dot immobilière seule était frappée d'inaliénabilité. Que signifie cette prohibition ?

La dot immobilière est inaliénable ; en d'autres

termes, le mari ne peut ni la vendre, ni la donner, ni
la détruire, ni en disposer d'une manière quelconque.
Il n'a pas le droit de l'hypothéquer, car l'hypothèque
altère la propriété; c'est un germe d'aliénation qui
fructifie souvent et produit l'expropriation. Et ce qu'il
y a de remarquable, c'est que la défense n'atteint pas
seulement le mari : la femme elle-même y est soumise. Voici un fonds de terre constitué en dot : quelles
que soient à cet égard les subtilités du droit romain,
il est bien certain que le mari et la femme en ont à eux
deux la propriété, et cependant ils ne peuvent pas le
vendre. C'est une dérogation grave aux règles ordinaires de la propriété; mais il y va de l'intérêt de la
femme, de la famille, de la société entière [1].

L'impuissance d'aliéner ne frappe pas seulement le
mari; elle s'étend à toutes les personnes qui peuvent
avoir la dot entre les mains. Il est possible qu'avant le
mariage des biens soient remis au fiancé à titre de dot;
or, le fiancé n'aura pas le droit de les aliéner; en effet,
comment jouirait-il, avant son union, de pouvoirs qui
ne lui appartiendront même pas après [2]?

Pendant le mariage, lorsque le mari est fils de famille, c'est le père qui exerce les droits du fils, qui
est maître de la dot. Lui est-il permis d'en disposer?
Non, évidemment. Il ne saurait avoir plus de droit que
le mari lui-même [3]. Enfin, quand le mariage est dissous par le divorce ou la mort du mari, la dot n'est
pas toujours restituée immédiatement. Les personnes
qui détiennent les biens dotaux, c'est-à-dire le mari

---

1. *Inst.* de Justinien, liv. 2, tit. 8, pr. *Dig.*, liv. 23, tit. 5, 1 13.
2. *Dig.*, liv. 23, tit. 5, l. 4.
3. Demangeat, *De la condition du fonds dotal en droit romain*, p. 205.

ou ses héritiers, ont souvent un délai pour effectuer la restitution de ces biens; or, durant ce délai, toute aliénation est rigoureusement prohibée [1].

De même que le fonds dotal est insusceptible d'aliénation, de même un tiers ne peut l'acquérir par la possession, c'est-à-dire l'usucaper. S'il était permis au mari de laisser la dot passer à un tiers par l'usucapion, il éluderait trop facilement la loi qui lui défend d'aliéner. Le jurisconsulte Paul dit avec raison : « Le mot d'*aliénation* renferme l'usucapion, car n'est-ce pas aliéner un fonds que de laisser un tiers l'usucaper [1] ? » Le fonds dotal est donc en même temps inaliénable et *imprescriptible*. Cependant, si une personne possédait déjà l'immeuble au moment du mariage, l'usucapion continuerait de courir, et en s'accomplissant, elle ferait tomber le fonds dans le domaine du possesseur. Pourquoi, dans ce cas, la loi *Julia* ne s'applique-t-elle pas ? Pourquoi distinguer si l'usucapion a commencé avant ou pendant le mariage, et déclarer la dot prescriptible dans le premier cas, imprescriptible dans le second ? Les auteurs diffèrent d'opinion sur ce point. J'admets avec M. Demangeat que l'usucapion commencée avant le mariage doit pouvoir s'accomplir après, parce que le mariage n'est signalé nulle part comme une cause d'interruption de la possession [3].

Si d'ailleurs le mari a été négligent, s'il lui était facile d'interrompre la possession et de prévenir l'usucapion, il sera responsable envers la femme. La pres-

---

1. *Dig.*, liv. 23, tit. 5, l. 12, pr.
2. *Dig.*, liv. 50, tit. 16, l. 28, pr.
3. *Dig.*, liv. 23, tit. 5, l. 10. — Demangeat, *loc. cit.*, p. 358 et suiv.

cription s'est accomplie à ses risques et périls. Toutefois, on ne dira point que le mari est en faute, si au moment du mariage le délai de l'usucapion était près d'expirer. On présume qu'alors il a ignoré l'existence de l'usucapion et qu'il n'y a pas de négligence à lui reprocher [1].

Le principe que le fonds dotal est inaliénable ne s'applique pas seulement au droit intégral de propriété. La possession de bonne foi qui, prolongée pendant le délai légal, fait acquérir la propriété, est soumise à notre principe. Ainsi, un édifice m'a été constitué en dot; mais comme le constituant n'en était pas propriétaire, je n'en ai pas acquis moi-même la propriété. Cependant, je le possède de bonne foi, et à l'expiration d'un certain nombre d'années, ma possession se transformera en une propriété véritable. Mon droit est imparfait sans doute, et pourtant il ne m'est pas permis de m'en dessaisir, de le faire passer sur la tête d'un tiers, car si ma possession n'est pas la propriété, elle peut le devenir [2].

Ce que nous disons de la possession est vrai également des servitudes; ainsi le fonds qui m'a été remis en dot jouit d'un droit de passage sur un champ voisin. Je ne puis pas éteindre cette servitude, car elle est une qualité du fonds qui m'a été livré; elle augmente sa valeur, et si je l'aliénais, je démembrerais le fonds dotal, j'en ferais disparaître une partie.

Je ne puis pas non plus laisser éteindre cette servitude en négligeant de l'exercer, car, nous le savons,

1. *Dig.*, liv. 23, tit. 5, l. 16.
2. Demangeat, *loc. cit.*, p. 322, argument d'analogie tiré de la loi 5, § 2. *Dig.* 27, 9.

permettre l'usucapion, autant dire aliéner. Lors même que pendant le délai de l'usucapion, je ne passerais pas une seule fois sur le champ qui doit le passage, mon droit survivrait, car la servitude est une partie intégrante du fonds dotal ; or, ce fonds est inaliénable et imprescriptible entre mes mains [1].

Nous venons de voir qu'en thèse générale les servitudes établies au profit des biens dotaux sont inaliénables et imprescriptibles comme la propriété même. Mais le mari peut-il créer une servitude sur ces biens ? Peut-il, par exemple, grever le fonds dotal d'un droit de puisage au profit d'un héritage voisin ? N'oublions pas que les servitudes sont un démembrement de la propriété. Établir sur un fonds un droit de puisage, c'est l'amoindrir, c'est enlever à ce fonds une partie de son eau et par conséquent en diminuer la valeur. Le mari ne doit pas constituer cette servitude, car il ferait une aliénation partielle de l'immeuble dotal ; or toute parcelle de cet immeuble est inaliénable comme le fonds tout entier [2].

Que dirons-nous de l'usufruit ? Le mari peut-il constituer un droit d'usufruit sur les biens dotaux ? Non, assurément. L'usufruit comme la servitude prédiale démembre la propriété, et le démembrement est même plus grave, puisque tous les fruits appartiennent désormais à l'usufruitier et que le propriétaire ne jouit plus de sa chose. Si le mari pouvait transférer à un tiers l'usufruit des biens dotaux, il se priverait des revenus qui sont destinés aux char-

1. *Dig.*, liv. 23, tit. 5, l. 5.
2. Dig., *ibid*.

ges du mariage, et il en dépouillerait souvent sa
femme elle-même, car, dans bien des cas, l'usufruit
concédé se continuerait après le mariage jusqu'à la
mort de l'usufruitier. A la dissolution de l'union matrimoniale, l'épouse recouvrerait sa chose, mais durant
un certain délai, elle n'en aurait pas la jouissance.
Ce serait seulement, je le répète, à la mort de l'usufruitier qu'elle recueillerait cette jouissance.

Est-il au moins permis au mari d'éteindre ou de
laisser éteindre par le non-usage l'usufruit qui lui a
été constitué en dot? « Alors, dit Tryphoninus, l'usufruit est personnel au mari, et celui-ci peut le perdre
par le non-usage. » Ce que le jurisconsulte dit du
non-usage serait vrai d'un autre mode d'extinction.
Il est loisible au mari de mettre fin à cet usufruit par
un fait positif tel qu'une vente ou une donation;
car encore une fois ce droit lui est personnel, et son
extinction n'offre guère de péril pour la femme [1].

Nous connaissons maintenant avec ses principales
conséquences la grande règle que la dot immobilière
est inaliénable. Mais il n'est pas de principe, si fondamental qu'il soit, qui ne reçoive des exceptions. Quelquefois des aliénations sont permises; quelquefois
même les biens dotaux sont transmis à des tiers par
la force même des choses.

L'inaliénabilité des immeubles dotaux est constituée dans l'intérêt de la femme. Le principe ainsi
posé fournit le germe d'une exception : en effet, si
l'aliénation du fonds dotal ne préjudicie pas à
l'épouse, cette aliénation ne doit pas être prohibée;

---

1. *Dig.*, liv. 23, tit. 3, l. 78, 8, § 2.

c'est ce qui a lieu toutes les fois que la dot n'est pas
destinée à tomber dans le patrimoine de la femme, à
la dissolution du mariage. Sans aborder les règles
multiples qui se réfèrent à la restitution de la dot,
supposons seulement qu'un tiers ait remis au mari,
à titre de dot, un fonds de terre et qu'il en ait stipulé
la restitution à son profit ; en pareil cas, quand viendra la dissolution du mariage, le fonds passera à celui
qui l'a constitué en dot, mais non pas à la femme ;
dès lors, celle-ci n'a pas d'intérêt sérieux au maintien
de l'immeuble dans les mains du mari ; le constituant
seul pourrait y être intéressé ; mais le principe de
l'inaliénabilité n'a pas été établi en sa faveur : donc
rien ne s'oppose à ce que, dans ces conditions, le
mari aliène le fonds dotal.

On peut formuler ainsi la règle : toutes les fois
qu'à la dissolution du mariage la femme doit avoir
une action pour recouvrer sa dot, le fonds dotal est
inaliénable ; toutes les fois, au contraire, que la dot
doit passer à un tiers, l'aliénation est permise[1].

Le principe de l'inaliénabilité, ai-je dit, reçoit des
exceptions qui se produisent forcément et que la loi
ne pouvait ni ne devait prohiber. Il est des cas, en
effet, où la propriété change de main, sans que le
propriétaire ait fait, à proprement parler, un acte
d'aliénation. Ces hypothèses en assez grand nombre
peuvent se diviser en deux catégories sous les qualifi-
cations suivantes : 1° aliénations nécessaires ; 2° transmissions universelles.

Parlons d'abord des aliénations nécessaires. Il est

---

1. *Dig.*, liv. 23, tit. 5, l. 3, § 1.

possible que la dot sorte des mains du mari, en dehors de sa volonté et même contre ses désirs. Ainsi,
le fonds dotal est indivis entre le mari et un étranger.
Ce dernier peut certainement provoquer le partage; il
n'y a pas de loi qui le lui défende. Alors qu'arrive-t-il?
La moitié du fonds reste au mari et continue de faire
partie de la dot; l'autre moitié passe au coproprié-
taire. Chacun acquiert son lot en pleine propriété;
mais, en revanche, il aliène son droit indivis dans la
part dévolue à son copartageant. Voilà bien un cas où
le fonds dotal est   smis à un tiers nécessairement,
sans qu'il soit pu   ni équitable d'empêcher la
transmission. Si la loi eût prohibé cette aliénation,
elle eût contraint les copropriétaires à demeurer dans
l'indivision, source perpétuelle de difficultés et de
procès. Cette hypothèse d'aliénation forcée n'est pas
unique; il est quelques autres circonstances où le
fonds dotal est aliéné, que les époux le veuillent ou
ne le veuillent pas.

On voit donc qu'il faut distinguer avec soin les aliénations *nécessaires* des aliénations *volontaires* : ces
dernières seules sont prohibées, les premières ne
sauraient l'être [1].

Il est une autre classe d'exceptions au principe que
le fonds dotal ne doit pas sortir du patrimoine du mari,
ce sont celles que j'appelle *transmissions universelles*.
Je n'en citerai qu'un exemple. Le mari vient à décès :
sa succession passe à son héritier et comme dans cette
succession se trouve compris le fonds dotal, ce fonds
est aussi transmis à l'héritier. Il y a là, dis-je, une

---

1. La l. 1 pr. au Dig. *De fundo dotali* contient un autre exemple d'aliénation nécessaire.

translation universelle de propriété, car tous les biens
du mari sans exception tombent dans le patrimoine
du successible, et la dot partage le sort des autres
biens.

Comme cette transmission de la dot ne résulte pas
de l'intention d'aliéner chez le mari, on ne peut l'expliquer qu'en l'attribuant à une translation de biens
ayant un caractère universel .

Mais que l'on ne s'y méprenne pas : la dot qui passe
de la sorte à l'héritier ne devient pas disponible ; elle
conserve comme avant son caractère inaliénable. On
ne comprendrait pas, d'ailleurs, qu'il en fût autrement
et que le nouveau détenteur eût plus de droit que le
mari. Ajoutons que le droit de l'héritier est purement
provisoire ; celui-ci est tenu de restituer les biens
dotaux, soit immédiatement, soit au bout d'un certain délai, suivant la nature de ces biens.

On pourrait citer d'autres exemples d'aliénations
de la dot résultant d'une transmission universelle,
mais il suffit de poser la règle :

Dans tous les cas où les biens du mari passeront
universellement sur la tête d'un tiers, les immeubles
dotaux qui font partie du patrimoine marital seront
transmis comme les autres biens.

Telles sont les explications que je devais présenter
sur le principe important de l'inaliénabilité du fonds
dotal. J'ai sans doute omis de nombreux détails, mais
des développements plus étendus m'auraient éloigné
de mon sujet ; j'ai dû me borner à l'exposé des règles
qui se réfèrent spécialement aux pouvoirs du mari.

1. *Dig.*, liv. 23, tit. 5, l. 1, § 1.

Jusqu'ici, j'ai considéré le mari comme disposant de la dot, j'ai signalé une distinction fondamentale entre la dot mobilière et la dot immobilière. J'ai fait remarquer que les pouvoirs du mari ne sont pas limités quant à la première, mais qu'ils reçoivent, au contraire, des restrictions considérables en ce qui concerne la seconde. Me plaçant maintenant à un point de vue tout différent, j'envisagerai le mari comme administrateur et usufruitier de la dot.

Le mari administre les biens dotaux : c'est une conséquence naturelle de son droit de propriété et aussi de son droit d'usufruit dont nous parlerons tout à l'heure. Les fruits de la dot sont affectés spécialement aux besoins du ménage ; or, le mari qui a mission de pourvoir à ces besoins doit recueillir les fruits du fonds dotal et, par conséquent, exploiter ce fonds, le cultiver, le réparer, l'entretenir. Il doit gérer en bon père de famille; s'il le néglige, s'il le laisse périr ou se dégrader, il sera responsable envers sa femme qui lui demandera compte de sa gestion à la dissolution du mariage.

Des impenses seront faites sur les biens dotaux ; qui les supportera ? sera-ce le mari ou bien la femme ? Il faut distinguer suivant qu'il s'agit d'impenses *nécessaires*, *utiles*, *voluptuaires* ou *d'entretien*. S'agit-il d'une *impense nécessaire*, c'est-à-dire d'une dépense sans laquelle la dot périrait infailliblement en tout ou en partie, par exemple d'une réparation à un édifice qui menace ruine, cette impense sera avancée par le mari, mais la femme lui en devra compte. Telle est du moins la règle générale que l'on peut donner, sans aborder les difficultés qui s'élèvent sur

le point de savoir si l'impense nécessaire diminue ou
non le fonds dotal [1].

Si nous supposons l'une de ces impenses qui ont
pour objet l'amélioration du fonds et que l'on appelle
impenses utiles comme serait un drainage dans un
terrain marécageux, la règle est à peu près la même
que dans le premier cas ; le mari aura une action
pour se faire rembourser la somme employée [2]. Mais
tant qu'il sera propriétaire de la dot et qu'il en percevra
les fruits, il n'aura point l'exercice de cette action ;
il ne pourra l'intenter qu'à la dissolution du mariage.

Le mari est soumis aux *dépenses d'entretien*, et celles-
là, il les supporte définitivement. Ces dépenses, en
effet, se prennent d'ordinaire sur les fruits ; un propriétaire économe et sage n'entame pas ses capitaux,
pour recouvrir un toit, blanchir un mur, réparer une
digue ou curer un étang, il prélève sur ses revenus
les sommes nécessaires à ces réparations et à toutes
celles qui sont de même nature. Or, le mari, qui a la
jouissance de la dot, devra agir pareillement, et il
n'aura aucun recours contre la femme pour se faire
tenir compte de ses déboursés.

Mais le mari ne se borne pas aux dépenses que
nous venons d'énumérer ; il ne se contente pas d'entretenir, ni même d'améliorer le fonds dotal : il l'orne
et l'embellit de mille manières ; il y construit des
pavillons de luxe qui n'ont d'autre but que l'agrément ; il y plante des charmilles et des bosquets
qu'il peuple d'oiseaux étrangers ; toutes ces dépenses,

1. *Dig.*, liv. 28, tit. 1, l. 5, pr., et § 1 ; *ibid.*, liv. 23, tit. 3, l. 56, § 3.
2. *Dig.*, liv. 28, tit. 1, l. 8 ; Cod., liv. 5, tit. 13, l. 1, § 5.

qui ne sont ni nécessaires ni utiles et que pour cela le
droit qualifie d'*impenses voluptuaires* demeurent à la
charge du mari; seulement, à la dissolution du mariage
on lui permettra d'enlever les objets qui pourront être
emportés sans dégrader le fonds, et encore la femme
aura-t-elle le droit de les conserver si elle consent à
en payer le prix [1].

Le mari administrateur de la dot n'est pas un simple mandataire; il recueille les fruits des biens dont
la gestion lui est confiée et il doit les employer, dans
le sein même de la famille, à la nourriture, à l'entretien et à l'éducation des enfants. Ainsi, la dot de
la femme n'est pas une valeur perdue pour elle; le
soin de la gérer incombe au mari; celui-ci a le titre
de propriétaire et d'usufruitier; mais qu'importe!
Les revenus des biens sont assurés à l'épouse et à ses
enfants. C'est du moins de la sorte que la loi l'entend,
et le mari qui dissipe la dot en folles dépenses trompe
le vœu du législateur, méconnaît ses devoirs sacrés
et tourne au mal les pouvoirs qu'il devait employer à
faire le bien.

L'époux a donc l'usufruit de la dot et nous savons
à quelles conditions. Toutefois son droit dépasse
celui d'un usufruitier ordinaire. Il n'est pas strictement tenu comme l'usufruitier de conserver la subs-
tance des biens. Il lui est permis de les transformer,
de changer les cultures, de convertir par exemple une
vigne en terre labourable, un jardin en prairie. Il a
même le droit d'ouvrir une carrière, d'en extraire les
produits et de les faire siens [2]. Tout ce que la loi lui

1. *Dig.*, liv. 25, tit. 1, l. 9 et 11.
2. *Dig.*, liv. 23, tit. 5, l. 18, pr.

interdit, outre les prohibitions que nous avons étudiées, c'est de dégrader le fonds ou de le détruire.
Pourvu qu'à la dissolution du mariage, il restitue les
biens dans leur état primitif, ou du moins exempts
d'altérations survenues par sa faute ou sa négligence,
ses obligations légales sont accomplies.

Ne l'oublions pas : après avoir constaté le principe
que le mari est propriétaire de la dot, nous en dédui-
sons les conséquences principales. Dans cet ordre
d'idées, nous avons reconnu chez le mari : 1º un
droit de disposition sur les meubles dotaux , joint
à l'impuissance d'aliéner les immeubles; 2º un droit
d'administration; 3º un droit d'usufruit, ces deux
derniers droits s'appliquant aux meubles comme aux
immeubles. Ajoutons quelques mots seulement sur
l'exercice des actions relatives à la dot.

Tout s'enchaîne et se lie en cette matière. L'exercice des actions est encore un effet du droit de propriété que nous avons établi en commençant. Le mari
étant propriétaire de la dot doit trouver le moyen de
faire respecter son droit. Si un tiers s'empare d'un
objet dotal, il a la faculté et même le devoir d'écarter
sur-le-champ l'usurpateur. Il intentera contre ce
dernier une action en revendication, et obtenant
ainsi la restitution du bien usurpé, il fera cesser une
spoliation qui offre les plus grands périls, puisqu'elle
peut se légitimer par un certain laps de temps, et
procurer au détenteur une propriété véritable [1]. On
peut dire qu'en thèse générale le mari exerce toutes
les actions qui ont pour objet la protection de ses

---

1. Demangeat, *loc. cit.*, p. 119.

droits sur la dot. Si un étranger trouble son administration, si un individu se déclare usufruitier des
biens dotaux, de même qu'il peut revendiquer, il
repoussera les attaques dirigées contre sa gestion ou
sa jouissance. Nous avons vu ci-dessus qu'un co-pro-
priétaire par indivis pouvait provoquer le partage
d'un bien dotal. Le mari a-t-il un droit réciproque
vis-à-vis de ce tiers? En d'autres termes, peut-il
prendre l'initiative et intenter lui-même l'action en
partage? Il n'a pas ce droit. Nous savons, en effet,
que le partage constitue une aliénation; or, si le mari
avait le droit de le provoquer, il aliénerait volontairement une partie de la dot, acte que la loi lui
défend strictement [1].

Tels sont les attributs principaux de la puissance
maritale sur la dot. Cette puissance est grave sans
doute, mais restreinte cependant dans de sages
limites. La dot immobilière, surtout, est particulièrement protégée, puisqu'elle ne peut être ni
aliénée, ni hypothéquée, même du consentement
mutuel des époux. En outre, tous les biens dotaux
sans distinction entre les meubles et les immeubles
doivent être restitués lorsque le mariage est dissous.
On voit qu'à côté des pouvoirs du mari, des prérogatives remarquables sont accordées à la femme, et
l'on conçoit que Justinien ait reconnu à celle-ci une
propriété naturelle.

IV. *Condition des paraphernaux : Capacité de la
femme mariée.* — Chez les Romains les biens de la
femme se divisaient en deux catégories très-dis-

---

1. Cod., liv. 5, tit. 23, l. 2.

tinctes : les uns étaient livrés au mari et composaient la dot ; les autres exclus de la constitution dotale formaient le patrimoine propre de la femme et recevaient le nom de *paraphernaux* [1]. Les premiers ont fait l'objet des explications qui précèdent ; je dois maintenant, pour être complet, parler brièvement des paraphernaux.

Les paraphernaux, nous venons de le voir, sont tous les biens laissés en dehors de la dot. Ils ne sont pas comme les biens dotaux affectés spéciale- ment aux besoins du ménage, à la nourriture et à l'entretien de la famille. Ils sont soustraits à la jouis- sance, à l'administration et à l'influence du mari. Ils composent à la femme une fortune personnelle qu'elle dirige elle-même, dont elle perçoit et utilise les fruits suivant ses désirs. J'ai recherché déjà l'in- fluence morale de la dot, et il m'a semblé que les effets attribués à cette institution se rattachaient autant et peut-être plus aux paraphernaux.

Les femmes riches avaient soin de réduire la dot le plus qu'elles pouvaient et de se conserver une honnête fortune à titre paraphernal. Elles le savaient bien : c'étaient surtout leurs paraphernaux qui cons- tituaient leur liberté vis-à-vis du mari. Elles lui prêtaient leur argent comme elles auraient fait à un étranger, « et quand la mauvaise humeur les pre- nait, dit M. Troplong, elles fatiguaient le pauvre mari de leurs réclamations ; elles mettaient à ses trousses un esclave paraphernal pour le sommer de

---

1. *Paraphernaux*, du grec παρα φερνη ; on les appelle aussi biens *extra- dotaux*, du latin *extra dotem* ; les deux expressions signifient : *en dehors de la dot*.

se libérer, bien heureux quand elles ne chargeaient pas ce dernier d'une demande en divorce! Ces mœurs bouleversaient les idées des vieux Romains, admirateurs de la *manus*. Ils se récriaient contre l'humiliation des maris, l'arrogance des femmes, la dégradation de la vertu romaine. Mais leurs déclamations se perdaient dans le vide, et tout conspirait à l'émancipation des femmes et à la chute des institutions aristocratiques. » Cette humiliation des maris, cette arrogance des femmes se conçoivent encore mieux, si l'on songe au pouvoir presque absolu que la femme exerçait sur ses biens propres. La capacité de la femme dans le dernier état du droit romain atteignit un degré inconnu jusque-là. Elle était due à la chute de la *manus*, à la pratique universelle du mariage libre et avait pour objet les paraphernaux. En définitive, étudier la condition de ces biens c'est rechercher la capacité de la femme mariée, puisque c'est sur les paraphernaux que se produit cette capacité.

Esclave à l'origine, asservie au joug tyrannique d'un maître absolu, l'épouse romaine acquit plus tard une liberté que les femmes de nos jours lui envieraient. Dans l'ordre politique elle était frappée d'incapacités rigoureuses et n'avait accès à aucune charge[1]. Mais, dans l'ordre civil, elle brisa les liens qui l'enchaînaient jadis à son mari et à ses tuteurs, et obtint une pleine indépendance. Elle put faire les actes les plus graves, même les plus dangereux de la vie civile sans prendre le conseil de son mari ou d'une personne quelconque[2].

1. *Dig.*, liv. 50, tit. 17, l. 2.
2. *Cod.*, liv. 5, tit. 14, l. 8.

Quels étaient ses droits sur ses paraphernaux ?

Nous connaissons les pouvoirs du mari sur la dot ; or, ceux de la femme sur ses biens propres ne diffèrent guère des premiers. De même que le mari administre la dot et en jouit, de même la femme exploite ses paraphernaux et en retire les fruits. En principe, le mari dispose des biens dotaux, mais ce droit disparaît lorsqu'il s'agit d'immeubles non estimés ; la femme, au contraire, exerce le même droit dans sa plénitude en ce qui touche ses paraphernaux. Pour ce qui est de la dot, les actions qui ont pour objet la conservation et la protection des biens appartiennent au mari ; relativement aux paraphernaux, ces mêmes actions sont dévolues à la femme.

Si les paraphernaux comprennent des créances, la femme a le droit de poursuivre ses débiteurs, de se faire payer les intérêts et les capitaux qui lui sont dus, mais elle peut aussi, par une convention spéciale, confier ce soin à son mari. En pareil cas, le mari intente les actions ; il emploie les intérêts pour lui et sa femme, et il conserve les capitaux afin de les remettre à celle-ci. Il est tenu d'apporter à ses actes tout le soin qu'il donne à ses propres affaires ; s'il se rend coupable de fraude ou de négligence, il est responsable, à l'égard de la femme, des malversations ou des fautes qu'il a commises [1].

La capacité de la femme mariée apparaît avec des

1. Cod., liv. 5, tit. 14, l. 11. Tous les pouvoirs de la femme sur ses paraphernaux peuvent appartenir au mari, en vertu d'une convention intervenue entre les époux ; le mari agit alors comme mandataire de sa femme. Il aurait même la propriété des paraphernaux, si les parties en étaient ainsi convenues.

caractères frappants dans trois matières importantes :

1° Le testament ; 2° la donation ; 3° l'obligation.

1° La femme peut-elle faire son testament? La solution de cette question se rattache à la distinction
fondamentale du mariage strict et du mariage libre.
Dans le premier cas, la *manus* maritale absorbe tous
les biens de la femme; celle-ci n'a rien qui lui appar-
tienne ; que pourrait-elle donner et quel serait l'objet
de son testament? Elle est fille de famille et dans la
condition des fils de famille ; or, on sait que ces derniers n'ont aucune propriété en droit romain, et qu'en
conséquence, la faction du testament ne leur est pas
accordée. Il en sera de même de l'épouse *in manu* [1].
Dans le mariage libre, au contraire, la femme conserve des biens ; elle est propriétaire ; elle peut
régler dans un testament le sort qui adviendra après
son décès aux choses qui lui appartiennent. Et dans
l'exercice de ce droit, aucun avis ne lui est imposé ;
elle n'est même pas tenue de consulter son mari ou
son père, car l'expression libre de ses dernières volontés est à ce prix.

2° En est-il de la donation comme du testament ?
D'abord, sous l'empire de la *manus,* les principes qui
s'opposent à la faction de testament mettent aussi
obstacle à la donation. Mais, dans le mariage libre,
déciderons-nous que la femme peut transmettre ses
biens à titre gratuit? Certes, la question est grave ;
s'il est permis à la femme de faire des libéralités,
n'usera-t-elle pas de ce pouvoir important pour se
livrer à un gaspillage insensé, peut-être à de hon-
teuses dissipations , consumant ainsi un patrimoine

1. *Inst.* de Justinien, liv. 2, tit. 12, pr.

qui eût été le soutien de la famille dans un moment difficile ? La loi romaine ne s'arrête pas à ces considérations ; elle a confiance dans la sagesse de la femme, et lui permet de faire des donations, sans même prendre conseil de son mari : c'est ce que nous voyons dans la loi 6, au Code *De revocandis donationibus*. Une femme avait fait une donation à son fils, et elle voulait la révoquer, sous prétexte que son mari était absent lors de la confection de l'acte et n'avait pas donné son consentement. Les empereurs Dioclétien et Maximin, auteurs de la constitution, décidèrent que la présence du mari n'était pas nécessaire et que la donation était irrévocable.

3° La femme, qui a le droit de donner, peut à plus forte raison s'obliger. Celui qui livre ses biens gratuitement s'appauvrit, car il ne reçoit rien en échange de ce qu'il donne ; au contraire, celui qui s'oblige se lie, il est vrai, envers un tiers, mais généralement il oblige aussi le tiers envers lui, et lors même que l'engagement n'est pas réciproque, il compte encore retirer et peut retirer en effet des bénéfices réels de l'opération. Ainsi, pour ne pas sortir de notre matière, la femme qui emprunte de l'argent et qui s'oblige à le remettre dans un délai limité, peut employer cette somme à défricher des terres incultes, à effectuer d'urgentes réparations ; elle améliore ainsi son patrimoine et s'enrichit notablement, bien qu'elle ait contracté une obligation, sans acquérir elle-même une créance. Il faut donc décider que la femme mariée, à qui les lois romaines laissent le pouvoir d'aliéner gratuitement ses biens, a la faculté de passer tous les contrats dans les formes légales.

Mais une question se présente : est-il permis à la femme d'engager même ses biens dotaux, de telle sorte que ses créanciers puissent se faire payer sur sa dot après le décès du mari? Il n'y a point de loi, disent plusieurs interprètes du droit romain, qui restreigne les obligations de la femme aux paraphernaux ou qui excepte les biens dotaux; ses engagements affectent ceux-ci comme ceux-là, et lorsque le mariage sera dissous, la dot sera le gage des créanciers. Je ne puis admettre cette opinion. Ce n'est pas ainsi que l'entendait notre ancienne jurisprudence française. Deux arrêts du parlement de Paris, du 18 mai 1657 et du 13 juillet 1658, décidèrent qu'en vertu de la loi *Julia*, la femme n'était pas tenue sur sa dot des engagements contractés par elle durant le mariage [1]. La loi *Julia* est, en effet, le texte d'où résulte pour la femme l'impuissance absolue d'engager sa dot durant le mariage. Le fonds dotal, nous le savons, est insusceptible d'aliénation et d'hypothèque, aussi bien de la part de la femme que de la part du mari. S'il était permis à l'épouse de contracter pendant le mariage des obligations qui, aussitôt le divorce ou le décès du mari, pourraient être exécutées sur ses biens dotaux, la défense de la loi serait vaine ; les créanciers tiendraient leurs titres tout prêts, et dès que la femme recouvrerait sa dot, ils s'en empareraient et la feraient disparaître. Où serait alors l'effet de la loi Julia, dont le but est la conservation de la dot ? Tenons donc pour certain que les engagements pris par l'épouse durant le mariage ne devront point être exécutés sur le fonds

---

1. Ces arrêts sont cités par M. Demangeat (*loc. cit.*, p. 162) qui les emprunte lui-même à un ancien auteur, Henrys, liv. 4, quest. 141

dotal après le décès du mari ou le divorce des conjoints.

Toutefois, puisque la loi *Julia*, nous l'avons vu, est spéciale aux immeubles et que l'inaliénabilité n'atteint pas la dot mobilière, il me semble qu'il faudrait faire ici la même distinction. On déciderait que les créanciers dont les titres remontent à l'époque du mariage pourraient, après sa dissolution, obtenir leur payement sur les meubles dotaux restitués à leur débitrice.

L'existence même de cette question démontre qu'en principe la femme a le pouvoir de s'obliger. Cependant je dois mentionner ici un monument législatif célèbre qui parut au temps de Claude, sous le consulat de Marcus Silanus et de Velléius Tutor (an 46 de J.-C.) et qui a pris le nom de ce dernier : *Sénatus-consulte Velléien.* Ce sénatus-consulte défendit aux femmes de s'obliger pour autrui : soit leur mari, soit toute autre personne. C'était là certainement une incapacité pour la femme, mais une incapacité créée dans son intérêt. Si, entraînée par les sollicitations de son mari, elle cautionnait ses obligations, le sénatus-consulte détruisait l'effet de l'hypothèque ou du gage qu'elle avait constitué, et les créanciers du mari n'avaient pas le droit de la poursuivre [1]. Le sénatus-consulte Velléien est le plus important peut-être que nous ait transmis le droit romain ; il resta en vigueur dans notre ancien droit et ne fut aboli, dans la plupart des provinces, que par l'édit du mois d'août 1606 [2].

En résumé, la capacité de la femme mariée en fait

1. Je n'applique ici le sénatus-consulte Velléien qu'à la femme mariée, dont je m'occupe uniquement ; mais ce sénatus-consulte frappait également les filles et les veuves.

2. Domat, *Lois civiles*, liv. prel., tit. 2, sect. 1. — L'édit de 1606 ne fut point enregistré par tous les parlements ; le sénatus-consulte Velléien, bien

d'obligations est soumise à la distinction suivante :
la femme s'oblige-t-elle pour elle-même, en son propre nom : elle est habile à passer tous les contrats,
même sans le consentement de son mari ; mais veut-
elle s'engager pour un tiers, le sénatus-consulte
Velléien vient à son secours ; il annihile les effets d'un
acte qui compromet ses intérêts sans les servir.

On voit par ce qui précède quelle était, dans les
derniers temps de l'empire, la capacité de la femme.
Ne livrant au mari qu'une faible dot, elle conservait
un riche patrimoine qu'elle gérait à sa guise, qu'elle
vendait au gré de ses caprices, qu'elle engageait ou
hypothéquait pour arrêter les poursuites ou calmer la
colère de ses créanciers, qu'elle donnait enfin si son
cœur lui inspirait quelque générosité. Je ne crains
pas de fatiguer le lecteur en citant encore sur cette
phase intéressante des lois romaines un passage de
M. Troplong : « Nous apercevons ici, dit l'éminent
jurisconsulte, un singulier retour des choses d'ici-
bas. Au début de la société romaine, tout est arrangé
dans l'intérêt du mari; par la législation de Justinien,
tout est arrangé dans l'intérêt de la femme. Par le
droit ancien, c'est la condition de la femme qui est la
plus mauvaise ; par le droit nouveau, c'est la condition du mari qui est la moins bonne, et c'est avec
beaucoup d'à-propos que Cujas a dit : *In multis arti-
culis juris deteriorem esse conditionem feminarum quam
masculorum : sed in causa dotium, certe est melior con-
ditio feminarum quam masculorum* [1]. »

qu'abrogé par cet édit, a été suivi dans quelques provinces jusqu'à la promulgation du Code civil (*Voir* la *Revue critique de législation*, t. 30,
p. 148).
1. Troplong, *Du Contrat de mariage*, préface.

CHAPITRE III.

COMMENT S'ÉTEINT LA PUISSANCE MARITALE.

Comment cessait à Rome la puissance maritale, d'abord dans le mariage strict, ensuite dans le mariage libre?

Je l'ai déjà dit bien souvent, le mariage strict, c'est le mariage accompagné de la *manus*; or, quels sont les modes d'extinction de la *manus*? Nous n'avons sur ce point que des notions fort incomplètes. Nous savons seulement que la confarréation, cérémonie religieuse dans laquelle le grand-pontife et le prêtre de Jupiter offraient aux dieux un sacrifice, se dissolvait par une cérémonie analogue qu'on appelait *diffaréation*.

La *manus* cessait encore par l'émancipation de la femme. Aucun texte ne le dit positivement; mais cela paraît résulter, d'une façon indubitable, d'un passage altéré des Commentaires de Gaius et des Règles d'Ulpien [1]. Cette décision est, d'ailleurs, conforme aux idées romaines sur l'état de la femme soumise à la *manus*. Dans le mariage strict, l'épouse est assimilée à une fille du mari. Quoi d'étonnant, alors, que l'émancipation qui met fin à la puissance du père éteigne aussi la *manus*!

Enfin la *manus* s'efface évidemment toutes les fois qu'une cause quelconque vient dissoudre le mariage. Le mariage, nous l'avons vu, peut se former sans la

---

1. Gaïus, 1, § 136. — Ulpien, *Reg.*, XI, § 5.

manus ; mais la *manus* ne peut exister quand le mariage est dissous.

Dans le mariage libre, on ne rencontre pas une puissance du mari dans le sens technique du mot *potestas*. Mais il existe une suprématie maritale qu'il me paraît impossible de méconnaître. Comment s'éteint cette prééminence ? Ici, l'autorité de l'homme dans la société conjugale est une conséquence du mariage ; elle apparaît quand le mariage se forme, elle disparaît lorsqu'il se dissout. Les causes qui mettent fin à l'union matrimoniale détruisent en même temps les pouvoirs du mari. Je ne citerai ces causes que pour mémoire. Ce sont :

1° La mort de l'un des époux ;

2° Le passage de l'état libre à l'état d'esclave ;

3° La captivité chez l'ennemi ;

4° Le divorce, qui a lieu soit par le consentement mutuel des époux, soit par la volonté de l'un d'eux.

On pourrait présenter sur la puissance maritale des Romains de nombreux détails que j'ai passés sous silence. Mais ces notions nous suffisent pour l'apprécier dans son ensemble et à toutes les époques de la civilisation romaine. Empreinte d'une affreuse tyrannie à l'origine de Rome, elle s'adoucit peu à peu avec les mœurs et les idées. C'est surtout sous les empereurs que la transformation se produit. A la fin de l'empire, elle est presque éteinte ; l'émancipation des femmes est parvenue à son apogée. M. Ortolan fait à ce sujet une remarque judicieuse ; sous la république, la liberté triomphe dans l'État, l'absolutisme règne dans la famille ; sous les empereurs, la liberté vaincue dans l'ordre politique se réfugie dans la vie privée. Et

si nous cherchons la cause de ce revirement, nous la
trouvons peut-être au fond même de la nature
humaine ; nos aspirations sont indestructibles ; étouf-
fées ici, elles renaissent ailleurs et atteignent tôt ou
tard le but de leurs efforts. Elles ressemblent à ces
végétaux si faibles et en même temps si vivaces, dont
le développement est contrarié et qui se plient en tous
sens pour retrouver la lumière.

Au déclin de la société romaine et aussi du monde
païen, la femme avait conquis son indépendance ;
mais la réaction contre le despotisme antique était
allée trop loin ; la facilité avec laquelle l'épouse
accomplissait les actes les plus graves, sans même
consulter son mari, était contraire à l'union intime
qui doit toujours régner au foyer conjugal. Nous verrons quels principes nos lois ont posés à cet égard ; et
s'il est permis de leur adresser quelques critiques, ces
critiques doivent se référer à la trop grande liberté de
l'époux plutôt qu'à celle de l'épouse.

DEUXIÈME PARTIE.

DE LA PUISSANCE MARITALE
DANS LE DROIT CIVIL FRANÇAIS.

PRÉLIMINAIRES.

PUISSANCE MARITALE CHEZ LES GERMAINS, CHEZ LES GAULOIS ET
AU MOYEN-AGE. — PUISSANCE MARITALE DANS LE DROIT CIVIL
MODERNE; SA FORMATION, SA DURÉE, SA FIN.

Dans une première partie, j'ai fait connaître la
puissance maritale des Romains jusqu'à la fin du
règne de Justinien (an 565 de J.-C.). Je dois exposer
maintenant cette même puissance dans notre droit
civil moderne ; mais depuis l'époque de Justinien jusqu'à la promulgation du Code civil, en 1804, près de
treize siècles se sont écoulés. Durant cette longue
période, tout le sol du monde ancien a été remué
bien des fois : les peuples ont succédé aux peuples,
et les institutions aux institutions. A travers ce changement de mœurs, de coutumes, de lois, d'idées et
de civilisations, il serait curieux de rechercher en
détail les transformations successives qu'a subies la
puissance maritale jusqu'au commencement de ce
siècle. Mais une étude aussi vaste n'entre pas dans le
but de cet écrit; avant d'aborder la puissance du mari
sous l'empire des lois actuelles, je me bornerai à quel-

ques notions très-sommaires sur le pouvoir marital chez les Germains, dans l'ancienne Gaule et au moyen âge.

Les Germains et les Gaulois étaient les barbares les plus voisins de Rome ; aussi les historiens latins nous font-ils souvent le tableau de leurs mœurs et de leurs usages. Tacite, qui a consacré un traité aux rites et coutumes de la Germanie, nous donne sur le mariage des Germains d'intéressants détails [1]. « Dans leurs mariages, dit-il, règne l'austérité : leurs mœurs à cet égard sont dignes d'éloges, car presque seuls d'entre les barbares ils se contentent d'une seule femme ; quelques-uns, cependant, en prennent plusieurs non par lubricité, mais à cause de leur noblesse. » En Germanie, le chef de famille avait, comme à Rome, un pouvoir sévère et absolu ; mais il l'exerçait dans l'intérêt même de la famille, pour la défendre dans les guerres incessantes que la nation avait à soutenir, et non pour l'extension de sa propre puissance. Ce pouvoir dévolu au chef recevait le nom de *mundium* [2].

Lorsqu'un mariage était célébré, le *mundium* du père sur la personne de la jeune fille devait passer au mari. Ici, nous rencontrons encore dans ce passage de la femme au pouvoir du mari un fait remarquable dont l'antiquité grecque et romaine nous a déjà fourni l'exemple : la transmission de l'autorité paternelle aux mains du mari a tous les caractères d'une vente. Le mariage est un marché ; le père vend sa fille, le mari l'achète et paye le prix du *mundium* ; à

1. Tacite, *Germania*, xviii et xix.

2. *Mundium*, du saxon *mund*, autorité, protection (Ducange, v° *Mundium*).

cette condition seulement, il acquiert sur elle l'autorité. Plus tard cet usage mercantile se transforma :
la fille n'était plus vendue par son père. Elle se vendait elle-même, lorsqu'elle choisissait un époux, et
recevait le prix du *mundium*. Tacite fait allusion à
cette coutume dans le passage suivant : « Ce n'est pas
la femme, dit-il, qui apporte une dot au mari ; c'est
le mari qui offre une dot à la femme [1] ». La dot dont
parle l'historien n'est pas une dot véritable, mais
plutôt le prix du *mundium* que le mari remet à sa
jeune épouse. Un progrès s'est accompli ; le contrat
de vente n'intervient plus entre le père et le mari ; il
intervient entre les fiancés eux-mêmes.

L'idée de vente n'a pas encore entièrement disparu ; mais sous l'influence du christianisme on voit
s'effacer les derniers vestiges de cette coutume barbare. L'épouse ne reçoit plus un prix : elle est gra-
tifiée d'une donation réelle, *dos, sponsalitium, pretium
nuptiale*. Les présents offerts à la nouvelle épouse
n'étaient pas destinés à ses plaisirs ou à sa parure :
c'étaient une couple de bœufs, un cheval avec la
bride, un bouclier avec la framée et le glaive. En
échange de ces dons la femme livrait sa personne et
offrait elle-même quelque armure à son mari [2].

Le futur donnait à la fiancée le *prix nuptial* (*pretium
nuptiale*) pour acquérir le *mundium*. Ce don précédait
le mariage ; un autre le suivait. Le lendemain du jour
où l'union avait été célébrée, l'épouse recevait un présent qu'on appelait *morgengab* ou don du matin. Le
margengab était le prix de la beauté de la femme et le

1. Tacite, *loc. cit.*
2. Tacite, *loc. cit.*

témoignage de son innocence. La vierge seule et non la veuve avait droit au don du matin [1].

Ce don était acquis à l'épouse : si le mari mourait et que ses héritiers contestassent à la veuve le *margengab*, celle-ci jurait sur son âme (*per pectus suum*) qu'elle avait reçu ce présent comme don du matin, et par ce serment elle conservait un objet qui lui rappelait de touchants souvenirs et qui lui était cher [2].

Le plus souvent certaines solennités accompagnaient ces présents soit antérieurs, soit postérieurs au mariage. Ainsi, lorsque le fiancé remettait à sa fiancée le *prix nuptial* qui devait lui procurer le *mundium*, celle-ci acquérait la propriété des objets par la cérémonie *salique* de la *festuca et andelangus* [3]; de même le futur mari acquérait le *mundium* par la cérémonie du *sol* et du *denier*, *per solidam et denarium*. Il paraît que cette solennité fut employée dans le mariage de Clovis et de Clotilde. Les ambassadeurs, dit Frédégaire, offrirent à Clotilde *le sol et le denier*, et acceptèrent sa main au nom de Clovis [4].

Le *mundium* germanique attribue au mari à peu près les mêmes droits que la *manus* romaine. Il exprime à la fois la suprématie de l'homme et la sujétion de la femme dans la société conjugale. L'époux est le maître, *dominus*; l'épouse est la servante, *ancilla*. Le Germain exerce sur sa femme la

---

1. Troplong, *Du contrat de mariage*, Préface.
2. Legouvé, *Histoire morale des femmes*, liv. 1, ch. 7.
3. *Festuca*, paille; *andelangus*, bâton : l'investiture ou la tradition par la paille et le *bâton*, ou bien encore par la terre, l'eau, le rameau, la motte de gazon, etc. avait lieu fréquemment chez les Francs et les Germains (Ducange, v° *Andelangus*; Heineccius, *Antiq. Germ.*, 1, § 183, 2, § 76).
4. Troplong, *loc. cit.*, Frédég., ch. 18.

justice domestique ; il peut la mettre à mort pour
de justes motifs [1]. Malgré son état de subordination,
l'épouse partage la destinée guerrière de son mari ;
comme lui elle ne doit rêver que les mâles vertus et
la fortune des combats ; dès le commencement de
son mariage les auspices l'avertissent qu'elle sera la
compagne de ses travaux et de ses périls, qu'elle
devra tout souffrir et tout oser dans la paix comme
dans la guerre : c'est aussi ce que signifient les bœufs
attelés, le cheval harnaché et les armes qu'on lui
donne. Telle est sa vie, telle doit être sa mort : les
objets qu'elle reçoit, il faut qu'elle les conserve purs
et inviolables, afin de les remettre à ses enfants qui
les transmettront eux-mêmes à leurs descendants [2].

La femme germanique entre avec ses biens dans le
mundium de son mari ; elle ne peut contracter ni
s'obliger, en d'autres termes, faire les actes de la vie
civile sans une autorisation maritale. Ses biens propres ne peuvent être aliénés que par la volonté
mutuelle des deux conjoints. Mais ici se présente un
usage que nous n'avons pas rencontré chez les
Romains : le consentement simultané des deux époux
n'est pas suffisant pour valider l'aliénation, car
l'acheteur doit communiquer le contrat à deux ou
trois des plus proches parents de la femme, et si, en
leur présence, celle-ci déclare qu'elle n'a pas été libre
dans l'expression de sa volonté, la vente sera nulle [3].

Le *mundium* ressemble beaucoup à la *manus* des

---

1. Troplong, *loc. cit.*; Capitul. de Louis le Débonnaire, 5, 300.

2. Tacite, *loc. cit.*

3. Troplong, *loc. cit.* — Legouvé, *Histoire morale des femmes*, liv. 3,
ch. 11 ; Leg., *Luitprand*, 4.

Romains; mais l'esprit des deux institutions diffère sensiblement. La femme germanique, bien que soumise à son mari, est son associée, sa compagne plutôt que sa chose. Le mari est le protecteur de l'épouse plutôt qu'il n'en a la propriété.

En Gaule comme en Germanie, le mariage était mis au rang des plus pures institutions; et tandis qu'il était l'objet d'une vénération universelle, la honte s'attachait au célibat. Ce respect pour l'union légitime de l'homme et la femme est digne de remarque chez ces peuples primitifs plongés encore dans la barbarie; il prouve du moins que la vie de famille est l'un des premiers besoins de l'homme, qu'elle est dans la nature, et il condamne hautement nos modernes réformateurs, qui, prétendant rentrer dans les lois naturelles, voulaient engloutir la plus sainte des associations sous leurs théories subversives de mariage d'un jour ou de *femme libre*.

Dans l'ancienne Gaule et principalement en Ligurie, une coutume pleine de charme accompagnait souvent le mariage. « ...Quand plusieurs prétendants, dit M. Legouvé, demandaient la main d'une jeune fille, ses parents les réunissaient dans la salle du festin. A la fin du repas, la jeune Ligurienne paraissait sur le seuil, tenant à la main un vase plein d'un doux breuvage; tout le monde attendait en silence. La jeune fille s'avançait d'un pas, puis jetant les yeux autour d'elle, elle s'approchait de celui qu'elle avait préféré et lui versait à boire : c'en était fait, elle avait choisi, ils étaient époux [1]. »

---

1. Legouvé, *loc. cit.*, liv. 1, ch. 6. — *Athénée*, 1, XIII.

Dans tous les temps, la poésie s'est mêlée aux fêtes nuptiales. Chez les Gaulois, deux bardes assistaient à la célébration des mariages ils; engageaient une sorte de joute poétique, l'un soutenant la pudeur, la chasteté, vertus naturelles de l'épouse, et l'autre défendant les droits du mari; et, par un usage singulier, l'époux n'avait accès auprès de sa compagne que lorsque le barde défenseur de la femme s'avouait vaincu par le poëte qui parlait au nom du mari [1].

Au foyer domestique, l'homme tenait en main l'empire et le commandement. Toute révolte de l'épouse contre le pouvoir marital était sévèrement punie. Si le mari mourait et que l'on soupçonnât une mort violente, la femme était mise à la question; et lorsque par un crime elle avait causé la mort de son époux, elle était condamnée au supplice du feu [2].

La communauté était le régime ordinaire des conventions matrimoniales relatives aux biens. La femme apportait une dot à son mari, et celui-ci joignait à cet apport une valeur égale. Les mises de chaque époux formaient le patrimoine conjugal auquel s'ajoutaient les revenus des biens et les bénéfices provenant de l'industrie commune. Au décès de l'un des conjoints, la communauté passait au survivant [3].

Les Gaulois suivaient un usage bien étranger à nos mœurs modernes : ils ne voulaient pas que les femmes apportassent de trop riches dots. A Marseille, notamment, cité opulente dès cette époque, la dot

---

1. Serpette de Marincourt, *Histoire de la Gaule*, t. 3, p. 393.
2. Serpette de Marincourt, t. 3, p. 369. — César, VI, 19.
3. Ces renseignements sont tirés d'un passage célèbre de César, *loc. cit.*

était rigoureusement limitée à cent écus en argent, à cinq en effets mobiliers. « Les Gaulois, dit l'auteur auquel j'emprunte ces détails, avaient une toute autre opinion que nous du mariage : ils le regardaient comme une société pure dans laquelle devaient tomber, en commun les biens et les maux des époux, et ils en éloignaient avec soin l'intérêt qui corrompt tout ce qu'il touche [1] ».

Au moyen âge l'esprit chrétien, s'étant substitué au paganisme et aux superstitions barbares, a régénéré, ennobli, sanctifié le mariage. L'église bénit les époux ; elle appelle sur eux les grâces divines et élève leur union au rang de sacrement. Dans les idées chrétiennes, le mariage n'est plus un vil contrat par lequel les époux s'achètent et se vendent réciproquement : c'est, avant tout, une union des âmes, une communion dans les maux comme dans les plaisirs. Mais, disons-le avec tristesse : les coutumes et les mœurs n'étaient pas au niveau de ce haut enseignement. Après la propagation de la foi chrétienne, il semble que le monde inondé de tant de lumière ait eu besoin d'obscurité. Des usages barbares ont survécu à l'époque même de la barbarie, et des faits d'une tyrannie odieuse se sont perpétués durant des siècles.

J'en signalerai tout à l'heure quelques-uns. Voyons d'abord ce que sont devenues et les lois romaines et les institutions barbares sur la puissance maritale.

Au moyen âge, deux grands courants d'idées se partageaient notre pays. Dans le midi, le droit

---

1. Serpette de Marincourt, t. 3, p. 308.

romain, recueilli et publié par Alaric, roi des Visi-
goths, et quelques autres princes, s'était conservé.
Dans le nord, les Coutumes des Gaulois, des
Germains et des Francs, s'étaient aussi maintenues,
en subissant, toutefois, de notables transformations. C'est ainsi que le *mundium* germanique était
devenu la *mainbournie* de nos anciens pays coutumiers. Le mari était dit *manbournissier*. Il avait
sur sa femme des pouvoirs très-étendus, même celui
de la battre, mais modérément et pour de justes
motifs, « si comme quand elle est, dit Beaumanoir, en
voie de faire folie de son corps ». Le mari, *seigneur* et
maître de la communauté, disposait à sa guise des
biens qui la formaient; il pouvait les vendre, les
aliéner d'une façon quelconque sans le consentement
de sa femme [1].

En Normandie, le mari avait également la *seigneurie*
de sa femme; ses pouvoirs allaient jusqu'à la mal-
traiter, mais il devait se garder de lui crever les yeux
ou de lui briser les bras. Cependant, ses droits étaient
limités quand il s'agissait des biens propres de la
femme; ces biens ne pouvaient être aliénés que par le
consentement réciproque des deux époux.

Ainsi, au moyen âge, le mari était seigneur de sa
femme, seigneur même de ses biens; sa suprématie,
dominant la société conjugale, semblait planer à l'abri
de toute atteinte, et cependant, sous la féodalité, on
vit se pratiquer des coutumes étranges qui flétrirent
la dignité du mariage, qui tinrent en échec la puissance maritale et que nos idées modernes ont peine à
concevoir.

1. Beaumanoir, ch. 57, 6, t. 2, p. 333.

Tel fut le trop célèbre *droit du seigneur* ou de *marquette* qui a soulevé de vives controverses et qu'il importe de bien connaître. On appelle ainsi, dit un auteur, une violation et une délibation de la pudeur virginale, que les principaux seigneurs se permettaient sur les nouvelles mariées, la première nuit du mariage [1]. Suivant les uns, ce droit n'aurait jamais consisté qu'en une prestation soit en argent, soit en denrées. Suivant d'autres, il aurait constitué un véritable impôt payé en nature à son origine.

On aperçoit des traces de cet usage dans tous les pays où s'implanta le régime féodal ; voici à quelles idées il se rattachait. Sous la féodalité, le seigneur, souverain dans sa terre, était le protecteur-né de tous ceux qui n'en avaient pas, c'est-à-dire des orphelins et des veuves, en général des incapables. Voilà une institution qui, certes, n'avait rien d'immoral, qui était même une nécessité et un bienfait dans un temps où l'on ne rencontrait de sécurité que sous l'égide du seigneur et sous les créneaux du château-fort. Mais rien n'échappe aux passions des hommes, et les meilleures coutumes ont produit souvent de détestables abus. Le pouvoir protecteur dévolu au suzerain embrassait le droit de présider au mariage des filles ou des veuves, vassales ou serves. C'était ce qu'on désignait sous le nom de *maritagium* ou droit de mariage. Il fallait, disait-on, que le seigneur exerçât ce

---

1. Shenæus, *Regiam majestatem*, lib. 4, cap. 31 ; Boérius, lib. 3 et 12. *Histor. scotor.*, Ducange, v° *Marcheta*, *Marchetum*. Suivant Boéthius, ce mot vient de *march*, qui signifie cheval dans l'ancienne langue des Ecossais, *hinc deducta metaphora ab æquitando*. Suivant Buchanan, autre historien de l'Écosse, marquette vient de *marca*, parce qu'un demi-marc aurait été payé pour racheter l'épouse (lib. 7).

droit pour empêcher qu'un ennemi ne s'introduisît
sur son territoire en épousant l'une de ses vassales [1].

La noble et riche héritière du fief trouva bientôt un
adoucissement au droit qui appartenait au suzerain
de lui choisir un mari. Elle le trouva dans la cupidité
même du seigneur, qui ne demandait pas mieux que
de recevoir une somme d'argent pour l'abandon de ses
prérogatives. La vassale noble payait donc une redevance et s'affranchissait du *maritagium*. Mais la fille
serve ou *vilaine*, qui était pauvre, ne pouvait fournir
aucune redevance, et c'est envers elle, paraît-il, que
se produisit quelquefois, sinon comme un droit véritable, du moins comme un abus du pouvoir seigneu-
rial, ce fait honteux qu'on a appelé *droit du seigneur* ou
de *marquette*. Comme on ne pouvait exiger autre chose
de la fille sans fortune, on lui ravit son honneur [2].

1. Établissements de Saint-Louis, 1, 63; ordonn. des rois de France,
t. 1, p. 155.

2. Les auteurs qui traitent de cet usage l'interprètent chacun à leur
façon, et il en est ainsi de tous les écrivains qui s'en sont occupés depuis
le moyen âge. De Laurière et Ducange, dans leurs *Glossaires*, ne paraissent
pas douter que le droit du seigneur ait été souvent exercé en nature (*voir*
Ducange, v° *Marcheta*, *Marchetum*, et de Laurière, v° *Cullage*, *Culliage*).
Brodeau, sur la Coutume de Paris (t. 1, p. 273), dit que cet usage a existé
chez les peuples septentrionaux, qu'il a été aboli par le christianisme, puis
converti en tribut. Houard (*Anciennes lois des Français*, t. 1, p. 352, note)
pense que ce droit n'a jamais eu les caractères que lui attribue Shénée dans
ses notes sur la loi *Regiam majestatem*. Plusieurs écrivains contemporains
se sont occupés du droit du seigneur. M. Michelet (*Orig. du droit français*,
p. 263) n'est pas bien certain que ce droit ait été payé en nature.
M. Legouvé (*Hist. mor. des femmes*, liv. 1, ch. 6) admet l'existence de
cette coutume, mais il pense qu'elle s'éteignit bientôt sous le poids de son
infamie et qu'on y substitua partout la faculté de rachat. M. Cheruel
(*Diction. histor.*, v° *Droit du seigneur*) trouve étrange que, si le droit du
seigneur a eu les caractères qu'on met à sa charge, les conciles et les auteurs des fabliaux ne se soient pas élevés pour le flétrir. M. L. Veuillot a

Mais, empressons-nous de le déclarer pour purger l'histoire, autant qu'il se peut, de cette ignoble souillure, le droit de marquette, condamné par la religion, par la morale et par la conscience humaine, ne fut jamais universellement pratiqué et se tranforma partout en un tribut. Voici quelques détails sur les principaux pays où il produisit ses pernicieux effets, tantôt sous sa forme la plus grossière, tantôt à l'état de redevance.

C'est en Ecosse qu'il aurait été institué avec les caractères les moins équivoques. Il y fut établi, dit Boéthius, par un acte impie du roi Evers; mais plus tard Malcolm III s'inspirant de sentiments plus honnêtes l'abolit et le remplaça par la prestation d'une somme d'argent et d'un certain nombre de vaches [1].

En Angleterre, la marquette ne frappa que les femmes de condition serve; elle n'atteignit jamais les familles nobles. Bracton fait remarquer, pour

---

consacré un volume à le combattre, et M. J. Delpit un autre volume à soutenir son existence. Enfin, M. Gide, dans l'ouvrage qu'il vient de publier sur la *Condition privée de la femme*, p. 397, croit que le droit du seigneur était réellement payé en nature par les filles serves qui ne pouvaient autrement s'acquitter envers le seigneur. Ces divergences d'opinions s'expliquent si l'on consulte les documents rares et peu précis qui nous sont parvenus sur la question. Toutefois, il paraît bien qu'à l'époque triomphante de la féodalité, époque où les seigneurs faisaient eux-mêmes les lois sur leur territoire, la marquette a constitué une atteinte à l'honneur des jeunes épouses dans plusieurs contrées ; mais bientôt cette odieuse coutume est tombée sous la réprobation générale ; elle a été convertie partout en tributs ou en symboles, et a donné lieu à ces droits bizarres que les seigneurs exerçaient au moment du mariage de leurs sujets (*Voir*, outre les ouvrages précités, *Ordonnances des rois de France*, De Laurière, t. 2, p. 118, note, sur les redevances perçues dans le bailliage d'Amiens.)

1. Boérius, *ibid.*

expliquer cette distinction, qu'il y avait là un privilége du sang attaché aux personnes de condition libre [1]. Il n'est pas certain qu'en Angleterre l'impôt ait été payé en nature ; cependant un passage de Spelman cité par Ducange semble conduire à cette solution [2].

Dans la Belgique, dans la Frise et dans quelques régions de l'Allemagne, les serfs de la glèbe devaient payer au seigneur une redevance pour racheter l'honneur de leurs femmes, la première nuit de leur mariage [3] .

Il paraît aussi que la même coutume fut suivie en France ; mais il est difficile d'en préciser le caractère. D'un procès-verbal dressé à la baronnie de Saint-Martin *le Gaillard*, le 7 avril 1507, portant évaluation du comté d'Eu et des droits qui s'y rattachaient, il paraît bien résulter que le comte de Nevers, seigneur de Saint-Martin, jouissait dans ce lieu d'un pareil droit [4] ; mais, malgré le terme significatif employé dans ce document, ceux qui veulent que le droit de première nuit n'ait existé nulle part et ne soit qu'une infâme calomnie imaginée pour avilir la féodalité, ne voient là comme partout qu'un droit de redevance.

Dans la ville de Châtillon, les habitants payaient à Guy de Châtillon, seigneur de la Fère, cent sols tournois lorsqu'ils mariaient leurs enfants. Ils se révoltèrent contre cet usage qui, disaient-ils, détournait souvent les prétendants et empêchait des mariages avan-

---

1. Bracton, lib. 2, cap. 8, § 1. Ducange, *loc. cit.*
2. *Voir* Ducange, *ibid.*
3. Ducange, *ibid.*
1. Laurière, v° *Cullage, Culliage.*

tageux. Grâce à cette opposition énergique, ils obtinrent une commutation de charge consistant à faire *guet et garde* au château de la Fère, toutes les fois que le seigneur ou ses sergents le requerraient [1].

En Gascogne, le *maritagium* affectait des caractères tout spéciaux : les seigneurs avaient la faculté, la première nuit du mariage de leurs sujets, de poser une jambe nue à côté de la nouvelle mariée, à moins d'une composition particulière entre le seigneur et la famille de la jeune épouse [2].

Le droit de marquette exista aussi en Piémont sous le nom de *cazzagio*; on lit dans l'histoire de Savoie qu'il était exercé sur les terres appartenant aux seigneurs de Prelley et de Parsanni. Les vassaux dépendant de ces deux seigneuries demandèrent une commutation de charge, mais un refus suivit leurs légitimes réclamations ; ce fut alors que, sous l'empire d'une indignation facile à comprendre, ils fomentèrent une insurrection et se livrèrent à Amé VI, quatorzième comte de Savoie [3].

Ainsi, une coutume, établie à l'origine dans un but de protection bienveillante, s'était corrompue sous l'influence d'un pouvoir arbitraire et était devenue un droit tyrannique. Je veux croire que les seigneurs usèrent rarement du droit qu'ils avaient de consentir au mariage de leurs sujets pour assouvir leurs passions brutales, mais ce que l'on ne peut contester, c'est que dans tous les pays féodaux, une redevance

1. Laurière, *ibid.*

2. Boérius, *décis.* 297, *num.* 17. Michelet , *Origines du droit français*, p. 264.

3. Laurière, *ibid.*

était versée aux suzerains pour racheter, disent les
documents, l'honneur des nouvelles mariées. Ou
bien encore, si aucun tribut n'était payé, l'ancienne coutume se conservait à l'état de symbole;
c'est ainsi qu'en Gascogne nous avons constaté ce
singulier usage qui permettait au seigneur d'introduire une jambe nue dans la couche nuptiale. Peu à
peu, le soulèvement des esprits contre une pareille
institution, et surtout l'émancipation communale qui
marqua la fin du xii⁰ siècle amenèrent la ruine du
maritagium et des abus qu'il avait produits. D'abord,
on limita les redevances suivant des tarifs qui ne
devaient jamais être dépassés, et comme les filles
serves étaient trop pauvres pour donner de l'argent,
elles offraient des présents tels que des poulets, du
vin, des pains, des membres de mouton, etc. Ces
présents étaient exigés à peine d'amende; c'était
ce qu'on appelait le *plat nuptial* ou *régal de mariage*[1].

Dans quelques provinces, il était même d'usage
que le sergent du seigneur assistât aux fêtes nuptiales
avec deux chiens courants et un lévrier; on lui devait
sa nourriture et celle de ses chiens. En sa qualité
d'envoyé et de représentant du seigneur, le sergent
avait au banquet une place honorifique et chantait à
la mariée la première chanson. Dans d'autres contrées, les jeunes époux, précédés des joueurs d'instruments et suivis d'un nombreux cortége, allaient
présenter au seigneur le *régal de mariage*. Toutes ces
solennités n'étaient joyeuses et agréables que dans
la forme, car des peines résultaient de leur inobser-

---

1. Michelet, *Origine du droit français*, p. 265, 266.

vation. Ainsi, les époux qui n'offraient pas le *mets nuptial* dans les seigneuries de Caenchi, de Saulx et de Richebourg, étaient condamnés à 60 *sols parisis* d'amende [1]. Après la chute de la féodalité, ces coutumes oppressives de la liberté des mariages s'effacèrent une à une et l'on n'en vit que de rares exemples jusqu'au XVIIe siècle [2].

Tel fut le *maritagium* avec ses causes premières, ses vicissitudes diverses et ses abus les plus graves sous le nom de droit du seigneur. Il était nécessaire d'expliquer avec soin ce dernier droit, d'abord parce qu'il se lie intimement à la société conjugale du moyen âge, et aussi pour dissiper les erreurs qu'il a souvent fait naître. Les auteurs qui s'en occupent en font, suivant leurs inclinations pour les institutions du passé, une monstruosité sans pareille ou la chose la plus naturelle du monde. La vérité est que dans certaines régions et sur le territoire de certains seigneurs, ce droit put être, en effet, une monstruosité, mais que bientôt il ne constitua plus dans chaque pays qu'une redevance, soit qu'il y fût né sous cette forme adoucie, soit qu'à l'origine il s'y fût exercé aux dépens de l'honneur et de la morale. Transformé partout en un tribut, il devint, il est vrai, même sous ce rapport, une injustice flagrante, mais seulement lorsque les seigneurs n'eurent plus aucun motif légitime pour présider aux mariages de leurs sujets.

Pour être complet sur les institutions qui rattachent les lois romaines aux lois françaises, il faudrait

1. Michelet, *Orig. du droit français*, p, 265, 266.
2. *Le régal de Mariage* était encore dû au seigneur de la Bouillaie en 1615 (Chart. de Ludov. de Sainte-Maure, année 1615. Laur., II, 112).

étudier ici la puissance maritale dans le droit coutumier et dans le droit écrit du midi de la France ;
l'un nous présenterait les origines germaines et gauloises, l'autre les institutions romaines se modifiant
insensiblement pour contribuer toutes à la formation
du droit moderne. Mais j'ai déjà fait observer qu'une
étude détaillée sur ces matières n'entrait pas dans le
cadre de ce travail, et j'arrive immédiatement au
Code Napoléon.

Les lois relatives à la société conjugale occupent
dans le Code une place considérable et par leur
étendue, et par leur gravité. Le chapitre VI du titre
du *Mariage* a fixé tout spécialement l'attention du
législateur ; la lecture en est prescrite à la célébration
des mariages, afin que les fiancés aient sous les yeux
l'étendue des droits qu'ils vont acquérir et la portée
des engagements qu'ils vont prendre. C'est dans ce chapitre que je puiserai les règles qui fixent les pouvoirs
du mari sur la personne de la femme. Quant à ses
pouvoirs sur les biens de celle-ci, ils sont disséminés
dans de nombreux articles, au titre *du Contrat de
mariage et des droits respectifs des époux.*

Établissons d'abord, pour ne plus y revenir, comment se forme et s'éteint la puissance maritale. Les
règles sont très-simples à cet égard : les pouvoirs
du mari n'ont d'autre durée que la durée même du
mariage ; ils naissent quand le mariage se forme et
disparaissent lorsqu'il s'éteint. Ainsi, la mort de l'un
des époux, l'annulation d'un mariage putatif qui font
cesser l'union matrimoniale mettent fin en même
temps aux pouvoirs du mari. Mais l'interdiction de
ce dernier n'éteint pas sa puissance ; elle la suspend

seulement. Le mari, quoique en état de démence, conserve son droit, et il en reprend l'exercice dès qu'il recouvre ses facultés.

Les développements qui vont suivre seront uniquement consacrés aux effets de la puissance maritale ; or, ces effets se rapportent : 1° à la personne de la femme ; 2° à son patrimoine.

LIVRE PREMIER.

DES POUVOIRS DU MARI SUR LA PERSONNE DE LA FEMME

CHAPITRE Ier.

DES DROITS ET DES DEVOIRS EXCLUSIVEMENT PERSONNELS.

Les pouvoirs du mari prédominent dans l'association conjugale ; c'est lui qui en dirige les intérêts et en assure la sécurité. Il est chef au foyer domestique : cela est incontestable ; mais, proclamons-le pour l'honneur de nos lois et de notre époque, la famille française ne nous offre pas cet absolutisme outré qui remplit de ses excès les premiers siècles de Rome. A côté des droits du mari se placent, dans une sphère élevée, les prérogatives de la femme ; ces prérogatives ont une gravité qu'il n'est pas permis de méconnaître. Si la rubrique de ce *livre premier* ne se réfère qu'aux pouvoirs du mari, c'est que je traite avant tout de la *puissance maritale* ; mais je ne prétends pas laisser dans l'ombre les droits essentiels de la femme, droits, du reste, étroitement liés à ceux du mari. Procéder de la sorte, c'est entrer dans l'esprit du Code lui-même qui établit toujours sous les mêmes titres les droits de chaque époux [1]. Il est vrai

---

1. Le chapitre 6 du titre du *Mariage* a pour rubrique : *Des droits et des devoirs respectifs des époux*. De même, le titre 5, liv. 3 du Code Nap., porte : *Du contrat de mariage et des droits respectifs des époux.*

que nos lois sur la société conjugale et particulièrement sur la prééminence du mari ont été l'objet de critiques ardentes, surtout dans ces derniers temps. Ces critiques sont certainement empreintes d'exagération ; il peut y avoir des modifications désirables, mais il y a loin de ces améliorations possibles à une rénovation complète de nos lois matrimoniales. Mon but n'est pas de reproduire toutes ces attaques ; en général je me bornerai à exposer les rapports légaux des époux : le lecteur appréciera.

Parmi les droits et les devoirs contenus au chapitre VI du titre du *mariage*, il en est qui présentent un caractère essentiel de personnalité, qui sont inhérents aux individus, qui n'impliquent aucune idée de chose ou d'intérêt ; les droits et les devoirs de cette catégorie feront l'objet de ce chapitre.

Examinons d'abord, avec ses effets principaux, l'idée première et philosophique qui attribue à l'homme la prééminence au foyer conjugal.

§ I. — Suprématie maritale.

J'ai déjà indiqué (pag. 2 et s.) cette grande base de l'union des époux ; c'est ici le lieu d'y revenir.

La Genèse rapporte qu'au commencement du monde Dieu dit à la femme : « Tu seras sous la puissance de ton mari, *sub viri potestate eris* [1] ». Les Hébreux, qui avaient recueilli cette parole dans leurs plus antiques traditions, la conservèrent comme un axiome et la pratiquèrent comme une loi sacrée. La femme juive,

1. Gen., 3.

infime satellite de l'homme, n'était qu'une esclave, une chose ; le père, en la livrant, exigeait un prix. C'est ainsi que Jacob, pour obtenir le droit d'épouser Rachel, indemnisa Laban par plusieurs années de son travail [1].

Les patriarches n'avaient que deux ou trois femmes, mais le nombre augmenta avec le temps. David en eut quatre, puis dix ; Salomon en eut sept cents. On le voit : cette créature, façonnée à l'image de l'homme et en même temps à l'image de Dieu, était devenue un signe d'opulence [2]. Les Juifs oubliaient que Dieu n'avait donné au premier homme qu'une seule compagne, et qu'Adam, l'apercevant, s'était écrié : « Tu es la chair de ma chair et l'os de mes os [3] ».

La plupart des peuples ont admis à l'égal des Juifs la suprématie de l'homme dans la société domestique. Nous en avons vu de nombreux exemples chez les Grecs, chez les Romains et dans les mœurs des barbares qui nous sont le mieux connus. Si nous interrogeons une société formée tard, il est vrai, mais qui cependant a couvert et couvre encore une partie considérable du globe, je veux parler de la société musulmane, le Coran nous répond : « Les hommes sont supérieurs aux femmes parce que Dieu leur a donné la prééminence et qu'ils les achètent de leurs propres biens [4] ». Cette maxime était bien faite pour préparer la polygamie, la servitude du harem et la dégradation des peuples qui dérivent de l'Islam.

1. Gen., 29.
2. Legouvé, *Histoire morale des femmes*, liv. 3, ch. 5.
3. Gen., 3.
4. Passage cité par M. Troplong, *Du contrat de mariage*, préface.

Le christianisme seul a rétabli la femme dans le rang qui lui convient à côté de l'homme. Le genre humain, perdu par la femme, a été sauvé par elle. Elle est, comme l'homme, un membre de Jésus-Christ; elle participe à sa nature, elle a droit à sa destinée, elle se confond avec lui dans une même chair. Sous l'influence de ces idées, le caractère sacré, la chasteté, l'indissolubilité ont pénétré dans le mariage.

Depuis l'expansion des doctrines chrétiennes, les droits du mari ont été quelquefois méconnus, plus souvent exagérés.

Montesquieu, qui reconnaît aux femmes le droit de gouverner les empires, paraît leur dénier tout pouvoir dans la vie privée. « Il est contre la raison et contre la nature, dit-il, que les femmes soient maîtresses dans la maison, comme cela était établi chez les Égyptiens, mais il ne l'est pas qu'elles gouvernent un empire. Dans le premier cas, l'état de faiblesse où elles sont ne leur permet pas la prééminence ; dans le second, leur faiblesse même leur donne ordinairement plus de douceur, etc. [1] »

Vient la préparation du Code civil ; Bonaparte dit au conseil d'État : « Un mari doit avoir un empire absolu sur les actions de sa femme ; il a le droit de lui dire : Madame, vous ne sortirez pas; Madame, vous n'irez pas à la comédie; Madame, vous ne verrez pas telle ou telle personne [2] ».

Enfin le Code civil paraît et pose la règle : « Le

---

1. Montesquieu, *De l'esprit des lois*, liv. 7, ch. 17.
2. Thibaudeau, *Mémoire sur le Consulat.* — Legouvé, *Histoire morale des femmes*, liv. 3, ch. 3.

mari doit protection à sa femme, la femme obéissance à son mari (213, C. N.). » Voilà la suprématie maritale instituée, transformée en loi. A l'homme le droit de commander, à la femme le devoir d'obéir. Le mari, il est vrai, doit à l'épouse la protection ; mais ce rôle de protecteur, qui constitue pour lui une obligation, met encore en lumière sa prééminence, car comment protégerait-il cette créature à laquelle Dieu l'a uni, s'il n'en était le chef, le supérieur, le maître? J'ai exposé au début de ce travail mon opinion personnelle sur la suprématie maritale ; elle ne dérive pas, comme on l'a dit, d'une supériorité originaire de l'homme sur la femme ; dans l'échelle des êtres, l'un et l'autre se placent au même degré. Mais certaines qualités de l'homme, telles que sa force physique, son aptitude à vivre dans le bruit des affaires sans redouter les humiliations, le mettent mieux à même de gouverner la société conjugale. Ainsi s'explique le pouvoir légitime de l'homme dans la famille. D'ailleurs tout ce qui convient à la femme plutôt qu'à l'homme, ce travail du foyer, ces soins de toute sorte qui intéressent à tant de titres la prospérité de la maison incombent naturellement à l'épouse ; ici, son droit est de surveiller, de diriger, et c'est aussi son devoir. Tandis que le mari agit au dehors, elle est « ministre de l'intérieur ».

Parmi les effets qui découlaient jadis de la suprématie maritale, il en est deux que je dois rappeler : 1° droit du mari sur le corps de l'épouse ; 2° droit de correction.

1° L'homme et la femme légitimement unis doivent se perpétuer dans leurs descendants ; c'est ce qu'exprime le devoir conjugal, qui, dans l'antiquité, n'était un devoir que pour l'épouse et constituait un droit pour le mari. Celui-ci était souverain en cela comme en toutes choses. Plus tard, les vrais principes se sont fait jour : la loi divine de la procréation a produit un droit et un devoir pour chacun des conjoints. Pothier, notre grand jurisconsulte français, pose la règle pour chaque époux dans un langage aussi simple que digne [1]. Pour lui, pas de distinction entre l'homme et la femme; le droit de l'époux est le droit de l'épouse, et le devoir de l'une est le devoir de l'autre. Les rédacteurs du Code n'ont pas cru devoir préciser ce point, mais la doctrine de Pothier était évidemment dans leur esprit.

2° Durant des siècles, les lois ont toléré, sinon reconnu un droit de correction introduit au profit de l'homme sur la personne de la femme. Nous avons déjà constaté cet usage dans nos anciens pays coutumiers. « Tout mari, disait Beaumanoir, peut battre sa femme quand elle ne veut pas obéir à son commandement, ou quand elle le maudit, ou quand elle le dément, pourvu que ce soit modérément et sans que mort s'en suive. » Qu'est-il advenu de ce prétendu droit de correction dont le moyen-âge et nos vieux auteurs gratifiaient l'homme si aisément? Quelle que soit à cet égard la facilité de nos mœurs, je n'hésite pas à dire que, sous la loi moderne, toute violence de l'homme sur la femme ou de la femme sur l'homme est strictement prohibée. Le Code pénal, qui, dans ses articles 309 et suivants, punit les coups et blessures, ne fait certai-

---

1. Pothier, *Traité du contrat de mariage*, partie 5, chap. 1.

nement aucune exception pour les époux [1], et, d'autre part les articles 231 et 306 combinés du Code Napoléon, qui classent les excès, sévices et injures graves parmi les causes de séparation de corps, sanctionnent civilement la prohibition. D'ailleurs, il n'est que juste : le mariage unit les époux pour qu'ils s'aiment et s'entr'aident dans leurs douleurs, et non pour qu'ils se maltraitent ; s'il légitimait les brutalités, les crimes ou les délits qu'ils peuvent commettre l'un envers l'autre, il serait à la fois immoral et inique. Ainsi, de ces deux droits dont nos aïeux se montraient si jaloux : droit du mari sur le corps de l'épouse, droit de correction, le premier est devenu un droit et un devoir pour les deux conjoints, le second n'est plus qu'un souvenir.

Il existe une conséquence de la suprématie maritale que le Code établit formellement et que je dois signaler. Si la femme tombe en démence et que son inter-diction soit judiciairement prononcée, le mari est de droit son tuteur (506 C. N.). Cette règle tient sans aucun doute à la prééminence du mari dans l'union conjugale.

En effet, supposons le cas contraire : le mari est frappé d'interdiction. L'épouse sera-t-elle de droit sa tutrice ? Pas du tout ; le conseil de famille peut lui confier cette charge comme il peut l'en exclure (507 C. N.) ; c'est qu'ici il n'existe aucune prééminence de la femme sur l'homme.

Enfin, il se présente un cas où la suprématie maritale disparaît complétement : c'est l'adoption

---

1. Arr. cass., 2 fév. 1827 (Sirey. 28, 1, 89) ; Chauveau Adolphe et Faustin Hélie, *Théorie du Code pénal*, t. 5, p. 413.

qui nous le fournit. Nul époux, dit la loi, ne peut adopter qu'avec le consentement de son conjoint (344,345 C. N.). Dans cette hypothèse les deux époux sont placés sur la même ligne, chacun doit obtenir l'adhésion de l'autre lorsqu'il veut s'attacher un individu par les liens civils de l'adoption.

L'espèce est remarquable : il s'agit ici d'un acte essentiellement personnel, et, cependant, le mari ne peut l'accomplir sans le consentement de sa femme ; sa volonté doit s'incliner devant celle de l'épouse. Cette exception est grave, à notre époque surtout ; la dépravation de nos mœurs et l'épuisement qu'elle entraîne frappent souvent le mariage de stérilité, et l'homme auquel Dieu refuse une postérité naturelle ne connaîtrait jamais les plus doux liens de la famille, s'il ne trouvait dans la loi un allégement à ses maux.

Du reste, on vient de le voir : la femme est aussi soumise à la volonté de son mari, lorsqu'elle veut adopter, et j'ai raison de dire qu'en cette matière il n'existe aucune prééminence d'un époux sur l'autre, ou plutôt ils exercent tous deux cette prééminence, suivant les cas. C'est que la loi répugne aux descendances fictives tant qu'il y a espoir d'une filiation naturelle ; or, cette filiation est-elle possible ? Les deux époux sont juges de ce fait [1].

§ II. — Des secours et de l'assistance que se doivent les époux.

Quel est le but d'une association ordinaire ? Une entreprise à exécuter, un capital à faire fructifier,

---

1. La même règle s'applique à la tutelle officieuse qui est une préparation à l'adoption (362, 366 C. N.).

une fortune à acquérir. Quel est l'objet légitime de l'union conjugale ? Dans l'ordre d'idées que j'examine ici, ce sont le plus souvent des douleurs morales à adoucir, des infirmités à guérir, des misères de toutes sortes à soulager. Et c'est ce qui fait la grandeur de cette union et son caractère divin. Elle n'est pas seulement une société de plaisirs, elle est bien plus une société d'infortune. « Les époux, dit le Code, se doivent mutuellement... secours, assistance » (212 C. N.). Les époux se doivent des secours ; celui qui est riche vient en aide à celui qui est pauvre. Le mari entreprend un commerce malheureux, il se ruine : la femme, qui a conservé ses biens personnels, est tenue de lui fournir tout ce qui est nécessaire pour les besoins de la vie. Le mari aurait-il dissipé sa fortune dans le jeu, dans un libertinage aussi honteux pour lui-même qu'humiliant pour l'épouse, celle-ci lui doit encore des secours,

    Car c'est être innocent que d'être malheureux,

a dit le poëte, exprimant un sentiment du cœur plutôt qu'une vérité absolue. Tout ce qui est vrai de la ruine du mari, il faut le dire aussi de la ruine de la femme. L'obligation de se fournir des secours, quoi qu'il arrive, est un devoir qui incombe à l'un et à l'autre.

Certes, les secours entre époux révèlent une idée grande, généreuse ; il faut placer pourtant l'assistance plus haut. Pour l'époux qui vit dans l'opulence, quelques deniers offerts à son conjoint n'exigent pas, après tout, tant de sacrifice. Mais quand l'un des époux est couché sur un lit de douleur, gémissant sous le poids de ses maux, veiller près de lui, panser ses plaies, soigner ses blessures, voilà véritablement le courage et l'abnégation. Il faut que l'époux valide accomplisse ce devoir, qu'il prodigue à l'époux malade, en même temps que les soins matériels, ces consolations de l'âme qui en valent tant d'autres, car, on l'a dit, les secours viennent de la bourse (*ex arca*), mais l'assistance vient du cœur (*ex virtute*).

§ III. — Fidélité entre époux. — Adultère.

« Les époux se doivent mutuellement fidélité... » (212 C. N.). Le législateur a inscrit cette règle en tête du chapitre VI, titre V du Code Napoléon dont la lecture est obligatoire à la célébration des mariages. Il témoigne par là toute l'importance qu'il attache à cette haute maxime. La fidélité est, en effet, l'un des premiers devoirs matrimoniaux ; les époux peuvent se refuser les secours ou l'assistance : ils sont bien coupables sans doute ; ils sont indignes de l'union qu'ils ont contractée, ils font preuve d'une dureté de cœur révoltante, mais au moins leur faute se borne là; si, au contraire, ils manquent au devoir de fidélité, ils se couvrent de honte et se perdent dans l'esprit public. « Les personnes qui se marient, dit Pothier, contractent par le mariage, réciproquement l'une envers l'autre, l'obligation de vivre ensemble dans une union perpétuelle et inviolable, pendant tout le temps que durera le mariage, qui ne doit finir que par la mort de l'une des parties ; et en conséquence de se regarder réciproquement comme n'étant en quelque façon qu'une même personne : *erunt duo in carne una* [1]. »

---

1. Pothier, *Traité du contrat de mariage*, partie 5, ch. 1.

Le devoir de fidélité est double comme la nature humaine. D'abord, les époux se doivent une fidélité toute morale, l'attachement du cœur. Si l'un d'eux porte ailleurs ses affections, s'il donne à autrui la tendresse qu'il ne doit qu'à son conjoint, il viole son devoir de fidélité, car le mariage, dans son idéal le plus sublime, a surtout pour objet l'union des âmes. En second lieu, les époux se doivent la fidélité qui tient à la nature matérielle de l'homme; ils sont deux dans une même chair, on ne saurait trop le dire; la personne de l'un est confondue dans celle de l'autre et lui appartient. C'est surtout à la fidélité corporelle que notre loi s'applique; le manquement à l'union des corps n'est pas plus grave, il est vrai, au point de vue absolu, qu'une infraction à l'union des âmes, mais il sème davantage le scandale dans les mœurs, la discorde dans les familles, la corruption dans la société.

Tel est le devoir de fidélité, double dans sa nature et dont la violation présente également deux caractères. L'époux qui refuse à son épouse toutes ses affections, qui laisse tomber sur un étranger les élans brûlans de son âme, n'enfreint-il pas son devoir de fidélité, et n'y a-t-il pas là un véritable adultère moral? Dans l'heureux temps où les *Cours d'amour* réglaient en séance solennelle les affections que les dames devaient aux chevaliers, cette opinion n'eût pas fait fortune; elle eût été étouffée sous la réprobation générale. Mais les idées changent avec les siècles, et aujourd'hui elle me semble inattaquable.

Toutefois, qu'on ne me taxe pas ici d'hérésie juridique. La faute dont je parle, entièrement limitée au domaine du cœur, n'est pas accessible à la justice humaine et la loi ne s'en occupe pas. Ce que le droit appelle adultère, c'est l'infidélité matérielle, c'est le commerce illicite d'une personne mariée et d'un étranger, c'est ce crime déplorable qui dévore les familles en même temps qu'il s'y introduit. « Il y a un monstre, dit un auteur, qui cause bien des ravages dans le monde social. Il trouble toutes les unions, sépare les époux qui s'entr'aimaient ou semblaient s'entr'aimer, et leur fait commettre des assassinats et des guet-apens. Je parle de l'adultère, crime affreux dont on punit les femmes, mais qui n'est point assez puni dans les hommes parce que les hommes ont fait les lois ».

Dans l'antiquité, l'adultère était mis au rang des plus grands crimes, mais on se gardait de confondre l'adultère de l'homme avec celui de la femme. Le mari était seul maître dans la société conjugale ; il ne pouvait être coupable envers sa femme à qui il ne devait rien ; mais comme celle-ci lui devait tout, elle attirait sur sa tête des châtiments terribles lorsqu'elle oubliait ses devoirs d'épouse.

Chez les Juifs, la femme adultère était lapidée. On se rappelle l'histoire biblique de Suzanne, qui fut condamnée à ce supplice sur une accusation calomnieuse. Deux vieillards, dont les désirs coupables n'avaient pu triompher de sa vertu, déclarèrent l'avoir surprise en adultère avec un jeune homme. Cet odieux témoignage amena une condamnation ; Suzanne ne fut sauvée que par l'intervention du jeune Daniel qui sut dévoiler la fourberie des deux vieillards et les convaincre de mensonge devant le peuple[1].

1. Daniel, ch. 13.

En Egypte, une loi portait qu'on couperait le nez à toute femme surprise en adultère et qu'on crèverait les yeux à tout homme convaincu du même crime.

A Athènes, la répression n'était pas moins grave. Le mari devait dénoncer l'épouse coupable sous peine de dégradation civique. S'il la surprenait en flagrant délit, il pouvait même la mettre à mort devant des témoins rassemblés [1].

A Rome, la femme adultère était traduite devant un tribunal domestique (*Voir* p. 37). Nous savons que ce tribunal, composé du mari et des plus proches parents de la femme, pouvait la mettre à mort et l'exécuter séance tenante : *Cognati necanto uti volent.* Plus tard, une accusation publique fut organisée contre l'adultère, et la peine fut toujours celle de la mort [2].

Chez les Celtes, le mari exposait sur le Rhin l'enfant qu'il croyait n'être pas de lui ; si l'enfant était submergé, le dernier supplice était le châtiment de la mère [3].

En Germanie, l'adultère était permis à l'homme, mais il entraînait pour la femme l'humiliation d'une peine publique. « On lui coupe les cheveux, dit Tacite ; on lui ôte ses vêtements sous les yeux de ses proches, et le mari, l'expulsant de sa maison, la poursuit à coup de fouets à travers tout le bourg [5]. »

Au moyen âge le mari est absous quand une

---

1. Legouvé, *Hist. mor. des femmes.*
2. *Inst.* de Justinien, liv. 4, tit. 18, § 4.
3. Legouvé, *loc. cit.*
4. Tacite, *Germania*, § 19.

femme libre est complice de sa faute. S'il a pour complice une femme mariée, son crime ne vient pas de ce qu'il s'est éloigné de sa propre femme, mais de ce qu'il a séduit celle d'un autre. L'épouse adultère est enfermée dans un couvent, et si le mari la surprend en flagrant délit, il peut la mettre à mort [1].

Cette distinction s'est perpétuée dans le droit moderne. L'adultère de la femme est toujours puni, mais il n'en est pas de même de l'adultère de l'époux. Signalons à ce sujet deux différences dont l'une découle de la loi civile et l'autre de la loi pénale.

1° L'adultère de la femme est une cause de séparation de corps, et cela dans quelque lieu qu'il ait été commis. Que l'épouse ait reçu l'amant sous le toit conjugal, ou qu'elle l'ait rencontré au dehors, peu importe ; le lieu du crime n'influe pas ici sur sa gravité. L'adultère peut être aussi pour le mari une cause de séparation de corps, mais il faut que celui-ci entretienne sa concubine dans la maison commune, sous les yeux de sa femme légitime. Le crime est-il commis dans un autre lieu, ou même ne constitue-t-il qu'un fait isolé sous le toit conjugal, la loi le tolère et n'en tient pas compte (229, 230, 306 C. N.).

2° La femme convaincue d'adultère subira la peine de l'emprisonnement pendant trois mois au moins et deux ans au plus (337 C. P.). « Le mari qui aura entretenu une concubine dans la maison conjugale et qui aura été convaincu sur la plainte de la femme

---

1. Legouvé, *loc. cit.*

sera puni d'une amende de cent francs à deux mille francs » (339 C. P.).

Telle est la distinction grave que le droit pénal, adoptant les bases du droit civil, établit entre l'adultère de l'homme et l'adultère de la femme. Celle-ci est toujours punie dans quelque lieu qu'elle ait commis le crime ; celui-là est à l'abri des poursuites, si ce n'est lorsqu'il installe une concubine dans la maison conjugale. Ce n'est pas tout : cette différence une fois admise, la loi va plus loin : le crime de l'épouse est puni de trois mois à deux ans d'emprisonnement, celui du mari seulement de cent francs à deux mille francs d'amende. Voici une conséquence de ce système : après une séparation de corps l'adultère de la femme est toujours l'objet d'une répression ; en est-il de même de l'adultère du mari ? Évidemment non. Il n'y a plus de maison conjugale ; dès lors impossibilité qu'une concubine y soit entretenue, et que la faute du mari soit punissable. Le jugement de séparation a peut-être été motivé sur l'adultère de l'époux ; celui-ci a vu sa conduite justement flétrie, mais il est trop heureux de cet échec qui est au fond un véritable triomphe, puisque désormais toutes les entraves sont brisées, et que sa condamnation même lui assure un brevet d'impunité.

Ces différences, on le voit, sont capitales. Elles reposent peut-être sur la nature même de l'adultère, et le crime varie, sans doute, essentiellement suivant le sexe de son auteur. C'est en effet le motif que l'on a présenté dans tous les temps, chez toutes les nations et qui s'est perpétué jusqu'à nos jours. Comment faut-il l'apprécier ? Notre siècle, on l'a dit, est le siècle du droit; les grands monuments législatifs, qui datent du Consulat et du premier Empire, et qui planent depuis soixante ans sur le droit universel, sont pour beaucoup dans cette grande parole. J'admire autant que personne ce progrès du droit à notre époque, et c'est sans esprit de critique que je demande la permission d'exprimer ici, en ce qui touche l'adultère, une conviction longuement méditée.

Je ne prétends pas que l'adultère de la femme soit trop sévèrement réprimé ; c'est peut-être le contraire qu'il faudrait dire. Je n'établis pas une confusion absolue entre l'adultère du mari et celui de l'épouse ; il existe des différences qui tiennent au sexe même et que l'on ne peut méconnaître. Mais ces différences justifient-elles deux pénalités entièrement distinctes? Voilà la question.

Dans le système légal on invoque trois arguments principaux ; je vais les énumérer, et j'essayerai en même temps de les réfuter.

1º Nos mœurs, dit-on, exigent plus de retenue chez la femme que chez l'homme. L'une est plus coupable, l'autre l'est moins. Pour la femme, l'adultère est l'oubli de tous ses devoirs ; c'est un crime odieux, une tache indélébile qui la couvre à jamais de honte. Pour l'homme c'est une faute légère que le monde oublie bien vite, qui ne saurait éveiller les rigueurs de la loi, si ce n'est dans des cas exceptionnels.

Je ne puis voir là un argument sérieux. On raisonne d'après l'état de nos mœurs, mais si ces mœurs sont mauvaises, il faut les corriger, et que devient le raisonnement? Ne s'écroule-t-il pas avec la base fra-

gile sur laquelle on l'appuie? Avant d'invoquer nos
mœurs, il faudrait se demander si elles sont confor-
mes à la morale. Là seulement il est permis de puiser
un axiome, un principe d'où l'on puisse tirer des
conséquences.

Interrogeons la morale et remontons à l'idée première de la fidélité entre époux, dont la violation
constitue l'adultère. L'homme et la femme se pro-
mettent, par le mariage, une fidélité inviolable : voilà
leur obligation, également solennelle, également sacrée pour l'un et l'autre. Leur devoir est donc identique ; mais s'il en est ainsi, comment une infraction à
ce devoir différerait-elle suivant qu'elle émanerait de
l'un ou de l'autre des conjoints ? Au point de vue de la
morale, et de la morale la plus élevée, les deux époux
se jurant une même fidélité sont coupables au même
titre quand ils enfreignent leur serment, et l'on ne
saurait voir dans la faute de la femme un crime honteux, dans celle de l'homme une peccadille.

2º La doctrine légale croit pouvoir s'étayer sur les
idées religieuses. Le christianisme, fulminant ses ana-
thèmes contre la femme adultère, aurait pour l'homme
plus de facilité et de clémence. La religion, s'écrie-
t-on, ne commande-t-elle pas aux femmes plus de
réserve qu'aux hommes ? Voilà le mot souvent répété
qui semble gros d'idées et qui ne dit rien.

Les Juifs voulaient lapider une femme adultère ; le
Chrit les arrête par cette parole mémorable : « Que
celui de vous qui se croit innocent lui jette la première pierre ». Qu'est-ce à dire ? La femme est-elle
absoute par cette apostrophe solennelle ? Non, certes ;
mais l'homme est également condamné. Avant d'acca-

bler l'épouse coupable sous le sarcasme et l'ignominie, que l'homme se demande s'il est lui-même innocent.

Et c'est bien ainsi que saint Jérôme entendait la doctrine chrétienne, lorsqu'il disait : « Chez nous, ce qui est commandé aux femmes est commandé aux hommes ; les lois de Jésus-Christ et celles des empereurs ne sont pas semblables ; saint Paul et Papinien ne nous enseignent pas les mêmes choses : ceux-là lâchent la bride à l'impudicité des hommes, et ne condamnent l'adultère qu'avec une femme mariée. Mais parmi les chrétiens, il n'en est pas ainsi ; si un mari peut répudier sa femme pour cause d'adultère, une femme peut quitter son mari pour le même crime : dans des conditions égales, l'obligation est égale[1]. » On le voit : les idées chrétiennes, loin d'excuser l'adultère de l'homme, le flétrissent comme celui de la femme ; ce qui oblige celle-ci oblige celui-là ; ce qui est commandé à l'une est commandé à l'autre.

3° J'arrive enfin au seul argument qui semble sérieux.

L'adultère de la femme introduit des bâtards dans la famille ; ceux-ci prennent le nom du mari, ils sont appelés à sa succession : *is pater est quem nuptiæ demonstrant.* Qui contestera, s'écrie-t-on, la situation déchirante de l'époux ? Il ignore si l'enfant de sa femme lui appartient, s'il doit l'adorer ou le haïr. Le fait est vrai : la femme qui ne craint pas d'engloutir ainsi pour jamais la paix et l'honneur

---

1. Legouvé, *loc. cit.* — St Jérôme, *Vie de sainte Fabiola.*

de sa famille est une créature avilie, et trois mois à
deux ans d'emprisonnement, c'est en vérité une
peine trop douce pour une telle faute. Mais on
ajoute : l'adultère du mari ne produit pas ces conséquences terribles. Il ne met pas au compte de la
femme des enfants dont elle n'est pas la mère. Cela
est encore vrai : il y a ici entre l'adultère de l'époux
et celui de l'épouse une différence essentielle qui,
ainsi que je l'ai dit, tient au sexe même. Mais ce
que je prétends établir, ce n'est pas une assimila-
tion radicale dans la nature intrinsèque des deux
fautes, c'est une gravité identique au point de vue
social et criminel. Oui, un dessein providentiel a
voulu que la transgression du même devoir eût pour
conséquence des désastres non pas *égaux*, mais
équivalents, soit que cette transgression fût le fait
du mari, soit qu'elle fût celui de l'épouse.

On méconnaît trop souvent les suites de l'adultère
commis par le mari. Examinons-les.

L'adultère de l'homme répand ses ravages : 1° dans
la famille même de son auteur, 2° dans l'ordre
général de la société.

Considérons d'abord isolément la famille même de
l'époux coupable; lorsque la corruption s'introduit
dans son sein, ne reçoit-elle pas presque toujours
les perturbations les plus graves ? Jusqu'ici l'amour
avait régné au foyer conjugal ; tout à coup une haine
implacable divise les époux; et à sa suite vient un
cortége de colères, d'emportements, de désordres
qui scandalisent les enfants et tarissent presque
toujours les ressources communes. C'est une famille
pauvre : le mari peut à peine nourrir une femme,

il en nourrit deux. Les enfants légitimes manquent de pain, les enfants naturels vivent dans l'abondance. Dans les classes riches, dans le haut commerce, les calamités ne sont pas moins terribles. Au fond de presque toutes les faillites, dit M. Legouvé, de toutes les spéculations hasardeuses, on rencontre l'adultère du mari. Donc, si, à d'autres points de vue, l'adultère de la femme est plus redoutable, celui de l'époux est plus dangereux en ce qui touche les intérêts généraux de l'association, *car c'est le mari qui la dirige et qui a la haute main sur ses intérêts.* Allons plus loin : le chef de famille dont les débordements ne connaissent plus de bornes installe une prostituée dans la maison conjugale. Pense-t-on qu'alors la présence d'une concubine soit un affront moins sanglant pour l'épouse légitime que la naissance d'un bâtard pour l'honnête homme ? Il est vrai que le cas est prévu : le mari s'expose à une action en séparation de corps, mais tandis que la femme encourt toujours l'emprisonnement, la peine du mari est de cent francs à deux mille francs d'amende. Pour l'homme riche, cette peine est-elle sérieuse ?

Ainsi, qu'on ne dise pas que les désordres du mari n'entraînent pas pour sa famille des conséquences funestes ; ils la troublent et la déshonorent, et bien heureux s'ils ne la ruinent. Qu'importe ! j'admets, si l'on veut, qu'ainsi envisagé, l'adultère du mari soit moins désastreux que celui de l'épouse. Mais, en dehors de sa famille, les désordres du chef sont-ils sans effet ? Ils n'introduisent pas, dit-on, des bâtards au foyer conjugal : non, mais ils peuvent en intro-

duire au foyer d'un autre ; et les pouvoirs publics
qui dominent la société dans son ensemble, qui ne
protégent pas seulement la famille de l'époux
coupable, mais qui doivent les protéger toutes ne
s'inquiéteraient pas de ce fait ! Et les lois seraient
indulgentes pour l'adultère de l'homme !

Je sais qu'en pareil cas, le mari sera quelquefois
puni, non pas pour s'être éloigné de sa femme, mais
pour avoir séduit celle d'un autre : on le condamnera
comme complice. Il est coupable, sans doute, en cette
qualité, mais pourquoi fermer les yeux sur ce fait,
qu'il a trahi sa femme légitime? D'ailleurs, la peine
résultant de la complicité ne s'applique pas à tous les
cas ; si les relations ont eu lieu avec une personne
libre, le mari n'encourt plus de condamnation. On a
même dit qu'alors l'adultère s'effaçait ; cela me paraît
insoutenable. L'adultère, nous le savons, c'est l'infidélité entre époux ; or, le mari ne trahit-il pas son
devoir de fidélité, lorsqu'il a pour maîtresse une
femme libre ? Et ne voit-on pas, même dans ce cas,
les conséquences sociales de sa faute? Une famille
honnête déshonorée, des enfants naturels à sa charge,
et souvent à la charge de la société, voilà ce que produisent les désordres du mari avec une personne non
mariée. On ne peut alors le condamner comme complice, il faut le punir comme adultère. Ainsi, de
quelque côté que l'on envisage le crime du mari, il
n'est ni moins grave, ni plus excusable que celui de
la femme. Les deux fautes ne sont pas identiques,
mais leurs effets sont également déplorables et elles
doivent être également réprimées ;

9

..... Facinus quos inquinat æqual ,

a dit Lucain ; le crime rend égaux ceux qu'il désho-
nore.

§ IV. — Cohabitation des époux ; leur domicile.

Le mariage est une communauté de vie et par conséquent d'habitation. La plupart des devoirs matrimoniaux conduisent à cette règle forcément. Ainsi
comment les époux se soulageraient-ils dans leurs
douleurs physiques ou morales, s'ils habitaient des
lieux séparés ? L'obligation d'une résidence commune
incombe au mari comme à la femme, et des moyens de
contrainte sont organisés contre celui qui la méconn-
naît. « La femme, dit la loi , est obligée d'habiter avec
le mari et de le suivre partout où il juge à propos de
résider ; le mari est obligé de la recevoir et de lui
fournir tout ce qui est nécessaire pour les besoins de
la vie, selon ses facultés et son état » (214 C. N.). Nous
voyons ici un exemple de la suprématie maritale :
c'est le mari qui détermine la résidence commune.
L'épouse doit le suivre dans quelque lieu qu'il se
fixe, même en pays étranger. Mais, de son côté, le
mari est tenu de la recevoir, de lui fournir le logement, le vêtement, la nourriture, selon son état et
ses moyens. J'ai donc raison de dire que l'obligation
d'une vie commune n'est pas spéciale à la femme,
puisque le mari contribue à en assurer l'accomplissement. Nous verrons d'autres effets de ce principe.

Le principe est posé législativement : l'épouse
doit suivre son mari, celui-ci est tenu de la recevoir. Mais quelle sera la sanction de la règle, si
l'un des conjoints manque à son devoir, si la

femme, par exemple, prend la fuite, abandonnant sa
maison et son époux? Sur cette grave question, la
loi est muette et elle ne pouvait guère se prononcer,
car une règle invariable aurait eu souvent des effets
désastreux. On l'a dit au conseil d'État, lors de la
discussion du Code : les circonstances et les mœurs
doivent avoir ici une grande influence. Que le mari
épuise toutes les voies de douceur avant de recourir
aux moyens violents qui produisent toujours un scandale public. Il peut refuser à sa femme, lorsque celle-
ci l'a quitté, des secours, des aliments, des vêtements;
ce procédé, dit M. Demolombe, est toujours le plus
sûr et le plus juridique, lorsque la délinquante ne
trouve pas ailleurs des moyens de subsistance. D'un
autre côté, le départ de l'épouse constitue évidemment une injure grave qui autorise le mari à demander une séparation de corps. Mais il est possible que
cet expédient lui répugne ; si cependant la femme
s'obstine, si elle résiste aux conseils les plus éclairés et
les plus sages, il faut à la loi une sanction énergique :
quelle sera-t-elle ? Ici les auteurs ne sont pas d'accord, et de nombreuses divergences se sont produites.
Je m'arrête à l'opinion la plus suivie.

Les magistrats ont en cette matière un certain
pouvoir d'appréciation. Ils décideront, suivant les
cas, les moyens de contrainte à employer. Ils pourront ordonner que l'épouse sera réintégrée au
domicile conjugal par la force publique : *manu militari*, et que l'on mettra à ses trousses les huissiers
et les gendarmes. A ce système on peut faire l'objection suivante : vous soumettez la femme, dira-t-on,
à une véritable contrainte par corps; or, la contrainte

par corps est formellement prohibée, si ce n'est dans
des cas déterminés, et aucune loi ne l'autorise dans
la matière qui nous occupe. L'argument n'est pas
sérieux : la mesure prescrite contre la femme n'a
rien de commun avec la contrainte par corps ;
l'épouse en fuite n'est pas incarcérée, elle est simplement ramenée au domicile du mari, qui n'a pas
le droit de la séquestrer. On peut ajouter : si la femme
prend de nouveau son essor et disparaît, quel sera
l'effet de votre mesure ? Vous aurez fourni aux com-
mérages un aliment précieux, couvert de ridicule
les deux époux, et tout cela sans avantage aucun. Je
ne suis pas de cet avis : n'est-il pas probable que
la femme, émue des rigueurs qui vont l'atteindre,
rentrera volontairement au domicile conjugal, pré-
venant ainsi un scandale nouveau ? Enfin, si elle
n'obéit qu'à la force, sa réintégration au domicile du
mari ne sera pas sans effet ; une réconciliation aura
lieu peut-être entre les époux ; la femme comprendra que son devoir le plus sacré, son honneur,
celui de sa famille, l'appellent dans sa maison, auprès
de son mari et de ses enfants.

Je le répète, les juges ont un pouvoir discrétionnaire : ils peuvent mettre en mouvement la force
armée ; ils peuvent aussi ordonner d'autres mesures,
s'ils les croient plus efficaces ou mieux appropriées
aux circonstances. Il leur est permis de décider que
les revenus de la femme seront saisis, qu'elle en sera
privée tant que durera son absence. On critique
encore cette opinion. On fait observer que le mari
n'est pas créancier de sa femme, et qu'il ne doit pas
saisir ses revenus, puisque les saisies sont organisées

dans l'intérêt exclusif des créanciers. Je répondrai, comme je l'ai fait déjà pour l'emploi de la force militaire : il ne s'agit pas là d'une saisie véritable, le mari ne veut pas faire vendre les biens de sa femme, son but unique est de la contraindre par des moyens indirects à l'exécution d'un devoir moral. La loi établit ce devoir, il faut de toute nécessité qu'elle en assure l'accomplissement.

Plusieurs auteurs, je le reconnais, rejettent ces deux modes de coercition : la *manus militaris* et la saisie des revenus. Ces mesures, disent-ils, sont d'une gravité extrême ; quand la loi veut s'en servir, elle s'explique afin d'en réglementer l'application et de prévenir les abus. Refus de secours, d'assistance, demande en séparation de corps de la part de l'époux qui a rempli ses devoirs, voilà la sanction de la loi. Si cette sanction était la seule, elle serait, il me semble, bien peu sérieuse. Une femme que nourrit sa famille ou qu'entretient un amant a-t-elle besoin des secours ou de l'assistance de son mari ? Une séparation de corps ! mais elle l'appelle peut-être de tous ses vœux ; ce sera une faveur à son inconduite qui s'abritera désormais sous le manteau de la loi.

Les moyens de contrainte autorisés contre la femme sont-ils le privilège exclusif de la puissance maritale, et la femme doit-elle les subir sans compensation comme sans murmure ? Si cela était, le système que j'ai soutenu serait inique, et je n'hésiterais pas à le proscrire. Mais il n'en est pas ainsi : si le mari peut contraindre sa femme à résider avec lui, celle-ci peut obliger son mari à la recevoir. Par quels moyens ? Le pouvoir des magistrats est encore ici discrétionnaire.

Ils apprécieront dans leur sagesse les mesures les plus décentes et les plus efficaces. S'ils croient l'expédient suffisant , ils condamneront le mari à fournir une pension à la femme dans le lieu où elle se trouve. Ils pourront aussi lui faire ouvrir *manu militari* les portes du domicile marital. Mais ils ne devront jamais condamner le mari à suivre sa femme ; une décision de cette sorte, dit M. Demolombe, serait une atteinte à la puissance maritale et à toutes nos idées.

Tels sont les droits de chaque époux en ce qui concerne l'habitation commune. Quelle procédure devront-ils suivre pour les faire respecter ? Sur ce point comme sur le premier, la loi ne s'expliquant pas, les opinions varient, et l'on n'observe pas dans toute la France une règle uniforme. A Paris le mari assisté du juge de paix se présente lui-même chez sa femme et lui fait sommation de rentrer au domicile conjugal. En province , cette sommation est faite par huissier. Mais, on le voit, une mise en demeure doit toujours précéder l'instance judiciaire. Il faut que le refus de l'épouse soit dûment constaté ; puis le tribunal décide [1] ; il a , nous le savons , le choix des mesures à prendre, pourvu qu'il n'ordonne rien de contraire à l'ordre public et aux bonnes mœurs. La femme exclue de la maison conjugale procédera exactement de la même façon ; elle devra faire sommation à son mari de la recevoir avant d'engager le procès.

1. M. Demolombe fait remarquer que le tribunal doit statuer *tout entier* ; une ordonnance sur référé du président ne serait pas suffisante.

Le principe dominant en cette matière, nous le connaissons : la femme doit suivre son mari dans quelque lieu et dans quelque pays qu'il s'établisse. La règle cependant n'est pas absolue et comporte des exceptions.

1º La femme ne serait pas tenue de suivre son mari en pays étranger, si une loi politique défendait l'émigration. Il faut que l'épouse obéisse à l'époux, mais à la condition que celui-ci se soumettra lui-même aux lois de sa patrie.

2º La femme peut-elle pour raison de santé refuser de suivre son mari ? Une exception générale, en pareil cas, serait fort dangereuse. Un rhume ou une migraine serait une excuse trop commode pour résister aux volontés maritales. L'épouse ne pourrait même pas, disait Pothier, alléguer que l'air du pays est malsain, qu'il y règne des maladies contagieuses. M. Demolombe est moins absolu ; il admet une exception quand la santé de la femme serait réellement compromise par un voyage au-dessus de ses forces, qui mettrait même en péril son existence. « Avant tout, dit-il, le mari doit protection à sa femme [1]. »

3º Le mari doit fournir à sa femme un logement décent et convenable, suivant sa fortune et son état ; s'il ne remplit pas ce devoir, la femme est affranchie du sien. Ainsi le mari exerce une profession honteuse, il entretient une concubine dans sa maison, il offre à l'épouse légitime des appartements séparés des siens, ou enfin il mène une vie errante, il veut vivre

---

1. Demol., t. 4, p. 213.

dans un pays de sauvages ; dans toutes ces hypothèses et autres analogues , la femme n'est tenue ni de le suivre ni d'habiter avec lui.

J'ai parlé jusqu'ici de l'habitation des époux et je l'ai appelée indifféremment *résidence commune* , *domicile conjugal*. Mais il faut distinguer de l'*habitation* le *domicile juridique*. L'habitation est le fait , le domicile est le droit. Il est au lieu où une personne a son principal établissement (102 C. N.) , où elle est toujours censée être aux yeux de loi , où elle reçoit les citations judiciaires. Dans ce sens , le Code dit que la femme mariée n'a pas d'autre domicile que celui de son mari (108 C. N.). De même que les époux doivent habiter ensemble, de même ils n'ont qu'un seul domicile. Mais une difficulté se présente : une interdiction vient frapper le mari ; où est son domicile ? Chez son tuteur (108 C. N.). La femme , en pareil cas , aura-t-elle son domicile chez le tuteur ? Des auteurs l'admettent, mais cette opinion me semble inacceptable. Le tuteur du mari interdit n'est pas le tuteur de la femme, on ne peut pas dire qu'il exerce sur elle les droits de la puissance maritale ; dès lors le domicile de l'épouse ne sera pas modifié par l'interdiction de son conjoint [1]. Cela sera vrai *a fortiori*, elle conservera son domicile si elle est elle-même nommée tutrice de son mari interdit; on pourra dire qu'alors le mari frappé d'interdiction a son domicile chez sa femme.

1. MM. Aubry et Rau, *Sur Zach.*, t. 1, p. 513.

CHAPITRE II.

DES DROITS ET DES DEVOIRS QUI NAISSENT A L'OCCASION DES BIENS.

J'ai exposé les rapports des époux au point de vue essentiellement personnel. Tantôt le mari dominait la femme, la dirigeait et lui assignait le domicile qu'il croyait devoir choisir dans un intérêt de prospérité domestique, tantôt les époux exerçaient des droits réciproques, accomplissaient des devoirs communs et figuraient ainsi la plus magnifique des associations. Dans ces rapports l'idée de personne se présentait seule, l'idée de biens n'apparaissait pas. J'arrive aux droits et aux devoirs intimement liés à l'intérêt pécuniaire : ici encore la femme est soumise au mari, quelquefois elle agit sans son adhésion, avec l'assentiment des tribunaux ; mais l'objet de l'acte est toujours soit un procès à soutenir, soit un fonds à céder ou à acquérir, en un mot une question d'argent. Je vais donc traiter des droits et des devoirs que les époux exercent ou remplissent à raison de leurs biens.

§ I. — Incapacité de la femme mariée. — Actes qu'elle ne peut faire sans l'autorisation maritale.

Il existe en droit une théorie bien connue qui vient ici naturellement, c'est l'incapacité de la femme mariée.

La femme mariée est incapable : qu'est-ce à dire ?
On entend par là que la femme en puissance de
mari ne peut faire les actes de la vie civile, tels que
les ventes, les échanges, les donations, etc., sans une
autorisation particulière. Nous avons étudié la
suprématie maritale dans son principe, l'incapacité
de l'épouse est la contre-partie de cette idée. Si d'une
part, le mari est le chef de la société conjugale, s'il
gère sa fortune, s'il en dispose, il est clair que les
mêmes actes ne sauraient être permis à la femme,
autrement la loi établirait deux autorités parallèles
dont le choc serait toujours funeste aux intérêts
communs ; l'association serait tiraillée en sens contraires, ce qui aurait pour conséquence inévitable
l'anarchie dans la famille. Il faut créer une direction
unique qui agisse dans une vue d'ensemble ; ainsi le
veut l'intérêt bien compris du mari et de la femme
elle-même.

Nous savons pourquoi cette direction est confiée à
l'homme ; c'est qu'il est plus apte à l'exercer. Les
considérations qui justifient la suprématie du mari
expliquent en même temps l'incapacité de l'épouse ;
prééminence de l'un, subordination de l'autre, ce
sont là deux idées corrélatives qui se lient intimement. Ainsi entendue l'incapacité de la femme trouve
son fondement naturel dans la force même des
choses ; elle se rattache aux règles constitutives de
la famille, aux principes qui organisent la prééminence de l'homme au foyer conjugal pour l'avantage
commun des époux.

Ajoutez un haut intérêt de morale domestique.
« Les bonnes mœurs et l'honnêteté publique, disait

le président Bouhier, ne permettent pas à la femme
d'avoir communication d'affaires avec autrui sans
le su et le congé de son mari, pour éviter suspicion [1].

Serait-il décent que la femme vendît ses biens,
les administrât, conduisît au marché ses denrées,
reçût ses revenus et pût les dissiper en l'absence de
son époux, même contre le gré de celui-ci ? Un tel état
de choses serait une atteinte aux plus simples conve-
nances et à la morale publique. N'allez pas croire,
toutefois, que le pouvoir du mari soit absolu sur les
actes de l'épouse.

L'autorité maritale est quelquefois très-restreinte,
les droits de la femme s'élargissent, mais les familles
l'ont ainsi décidé lors du mariage, le mari lui-même
l'a sanctionné, et le contrat matrimonial en porte la
trace.

Du reste, quelle que soit la teneur de ce contrat,
il est certains pouvoirs que l'épouse conserve toujours
et que j'indiquerai.

Je viens de le dire, l'incapacité de la femme mariée
a pour fondement l'intérêt commun des époux et
aussi certaines vues de morale. Mais cette opinion
n'est pas admise universellement. Les systèmes sont
très-nombreux à cet égard ; je dois en faire connaître
quelques-uns.

Voici une première idée :

L'incapacité de la femme mariée, dit-on, a son
principe dans un privilége du sexe masculin. C'est le
mot d'Ulpien : *major dignitas in sexu virili*. Le mari
est un suzerain, tous les droits forment son apanage ;

---

1. Demol., *Cours de Code civil*, t. 4, n° 114; *Observations sur la Cout. du
duché de Bourgogne*, ch. 19, nᵒˢ 40 et 51.

quant à la femme, elle est une vassale, elle doit
s'incliner devant son supérieur et son maître, et
son incapacité n'est autre chose qu'un hommage
rendu à la seigneurie maritale. Cette théorie découle
naturellement des conceptions philosophiques qui
assignent à l'homme un rang privilégié dans la
hiérarchie des êtres; j'ai déjà combattu cette idée,
je dois ici en repousser les conséquences, et je suis
heureux de pouvoir le faire par des arguments
purement juridiques.

L'incapacité de l'épouse n'a pas pour cause un
hommage dû à l'autorité maritale et voici pourquoi :
Quand le mari est mineur, ce n'est pas lui, c'est la
justice qui autorise la femme à faire les actes de la
vie civile. Voyez la différence; le mari majeur habilite
l'épouse; le mari mineur n'a pas le même droit.
Faut-il dire qu'au premier appartiennent des hom-
mages qui ne sont pas dévolus au second? Évidemment cela n'a pas de sens, et pourtant voilà où l'on
arrive infailliblement si l'on soutient que l'incapacité
de la femme se fonde sur une prérogative due au
sexe de l'homme. S'il y a un privilége attaché au
sexe, il doit s'appliquer à l'époux mineur comme à
l'époux majeur; s'il fait défaut à l'un, c'est qu'il
n'appartient pas à l'autre.

Je trouve ici, au contraire, une confirmation écla-
tante du système que j'ai présenté. L'époux mineur
ne peut lever, comme l'époux majeur, l'incapacité
de l'épouse : pourquoi? Parce que la loi envisage
avant tout l'intérêt général de la famille; elle craint
qu'un mineur ne compromette cet intérêt, n'ayant

pas l'expérience et les connaissances nécessaires pour donner à la femme une autorisation réfléchie.

Ce n'est pas tout : lorsque la femme agit sans autorisation, l'acte est annulable et l'action en nullité appartient à la femme comme au mari (225 C. N.). Dans l'opinion que je combats l'épouse aurait ouvertement méconnu l'hommage qu'elle doit à la puissance maritale ; le mari pourrait bien exercer l'action en nullité pour faire tomber un acte qui constitue un outrage à ses droits; mais l'épouse n'aurait certainement pas une action semblable, car personne ne peut alléguer sa faute pour invoquer un droit, *nemo auditur propriam turpitudinem allegans*.

Si cependant la loi attribue cette action même à la femme, c'est qu'elle n'a pas en vue uniquement la puissance maritale et que son but est de protéger plutôt l'intérêt commun des deux époux. Elle accorde toute facilité pour l'annulation de l'acte, parce que cet acte a manqué des garanties ordinaires.

Ainsi l'incapacité de la femme mariée ne peut sérieusement s'expliquer par un privilége établi au profit de l'homme. Mais voici un second argument.

Cette incapacité, dit-on, a encore pour cause une faiblesse inhérente au sexe même. La femme n'a pas d'expérience, elle ne connaît pas les affaires, et elle est si légère, si frivole que la fortune conjugale dans ses mains s'évanouirait comme dans un creuset.

Les Romains exprimaient cette idée par un mot élégant : La femme, disaient-ils, est incapable *propter fragilitatem sexus*.

La réponse est bien simple : les filles et les veuves ont les droits les plus étendus sur leur patrimoine ;

elles ne sont pas soumises comme à Rome à une tutelle
perpétuelle. Dès lors, si la loi reconnaît aux filles et
aux veuves une capacité suffisante pour gérer leur
fortune, elle ne peut leur dénier la même aptitude
lorsqu'elles sont engagées dans les liens du mariage.
Le mariage apparemment n'altère pas leurs facultés,
et si la loi ferme les yeux sur la fragilité de leur sexe
en dehors de l'union matrimoniale, elle ne saurait
voir une fragilité de ce genre dans le sein de cette
union ; c'est donc en vain qu'on chercherait dans ce
fait une explication à l'incapacité de la femme mariée.

Je ne me dissimule pas que ces deux raisons, à
savoir : d'une part, la puissance maritale et les prérogatives qui s'y attachent ; d'autre part, la faiblesse
et l'inexpérience des femmes aient inspiré peut-être
le législateur ; mais ces raisons me semblent mauvaises, je les crois contraires aux vrais principes et je
les repousse. Quant à ma théorie elle est bien simple,
je la résume ainsi : Il faut une direction unique dans
la société conjugale ; or, cette direction étant confiée
à l'homme dans l'intérêt commun des époux, ce
même intérêt exige qu'un pouvoir analogue n'appar-
tienne pas à la femme et que les actes de la vie
civile lui soient interdits.

La femme n'est pas incapable d'une manière absolue. Elle peut aliéner, acquérir, plaider, etc., mais il
faut qu'elle y soit autorisée, et l'autorisation sera
donnée en principe par le mari. Seulement, il y aura
plusieurs cas dans lesquels l'autorisation judiciaire
suppléera l'autorisation maritale. J'énumérerai les
hypothèses où l'épouse est habilitée soit par le mari,
soit par la justice. Mais j'entrerai dans peu de détails,

car, m'attachant surtout aux *principes théoriques* de la puissance maritale, je dois glisser rapidement sur les points accessoires.

Donc, sans le consentement de son mari, la femme ne peut *ester en jugement* (*stare in judicio*), c'est-à-dire plaider (215 C. N.). Un procès est toujours un acte grave qui exige de mûres réflexions, qui quelquefois mettrait en péril une fortune entière. Une femme mariée ne doit pas se jeter dans les incertitudes d'une instance judiciaire sans prendre le conseil de son mari et obtenir son approbation. La prohibition existe toujours, quel que soit le régime matrimonial adopté par les conjoints ; au moment du mariage, les parties contractantes ne pourraient même pas convenir que l'épouse plaidera sans aucune espèce d'autorisation, car elles dérogeraient aux lois sur la puissance maritale, et leur convention serait nulle.

Tout procès constitue un fait qu'on appelle, en droit, *acte judiciaire*, parce que ce fait s'accomplit dans le sanctuaire de la justice. Mais la plupart des actes de la vie civile se passent en dehors des tribunaux ; tels sont, par exemple, les échanges, les ventes, les donations, etc. ; or, parmi ces actes qui prennent le nom d'*actes extrajudiciaires*, il en est un très-grand nombre qu'une femme mariée ne peut réaliser sans y être habilitée. Je dois en donner la nomenclature ; ce sont :

1° La donation (217 C. N.) ;

2° La vente, et en général une aliénation quelconque (même art.) ;

3° L'hypothèque (même art.) ;

4° L'acquisition à titre gratuit ou onéreux (même

art.). Ainsi, l'épouse ne peut pas acquérir une chose quelconque, un immeuble, par exemple, en échange d'un objet équivalent : soit un autre immeuble, soit une somme d'argent; ce serait là une acquisition à titre onéreux. Elle ne doit pas non plus recevoir une donation, car la libéralité pourrait provenir d'une source impure qui compromettrait sa dignité et son honneur. Il y aurait dans ce dernier cas une acquisition à titre gratuit; or, les acquisitions de cette espèce ne peuvent pas avoir lieu sans le consentement de celui à qui appartient la suprématie maritale ;

5° L'obligation (argum. tirés des art. 217, 220, 221, 222 et 224 C. N.). Une obligation a toujours pour conséquences des acquisitions ou aliénations; or, ces actes n'étant pas permis à l'épouse, on conçoit aisément qu'il en soit de même de l'obligation.

Les faits que je viens d'énumérer ne peuvent être réalisés *sans le concours du mari dans l'acte* ou *son consentement par écrit*. Ces derniers mots sont littéralement copiés dans l'art. 217 du Code Napoléon. Il en résulte que l'autorisation maritale est *tacite* ou *expresse*, suivant que le mari est *présent* à l'acte ou qu'il donne son consentement *par écrit*.

La loi spécifie un consentement *par écrit* : cela veut-il dire qu'une autorisation verbale serait absolument nulle? L'écriture est-elle une forme sacramentelle, dont l'absence invalide le consentement marital, quelque manifeste qu'il soit d'ailleurs? On ne peut le décider ainsi en présence des principes de nos lois, qui, sauf de rares exceptions, abandonnent l'expression du consentement à la liberté des parties, en présence même de notre art. 217, qui autorise le consentement tacite. Ces expressions : *consentement par écrit* signifient seulement que le consentement ne devra jamais être prouvé *par témoins,* quel que soit l'intérêt de l'affaire. L'autorisation est donc valable quoique verbale ; mais, pour en démontrer l'existence, deux modes de preuve seulement seront admis : l'aveu et la délation du serment [1].

Un principe important en cette matière, c'est la *spécialité* de l'autorisation. Il n'est pas permis au mari d'habiliter sa femme à faire tous les actes de la vie civile d'une manière générale, en dehors de lui et sans lui ; une semblable autorisation serait, dit très-bien M. Mourlon, une abdication de la puissance maritale. Il faut l'intervention du mari pour chaque vente, donation, transaction, etc., en un mot une autorisation *spéciale.*

Cette règle reçoit deux exceptions :

La première est relative *aux actes d'administration* (223, C. N.). L'épouse peut conserver l'administration de tout ou partie de ses biens, et comme il s'agit ici de faits journaliers, l'approbation du mari pour chacun de ces faits serait une gêne continuelle, de là une dérogation au principe de l'autorisation spéciale. Les époux ont le droit de convenir que la femme dirigera seule la gestion de ses biens, sans l'intervention du mari.

Une deuxième exception concerne la femme marchande publique (220, C. N.). Qu'est-ce qu'une femme marchande publique ? N'a point cette qualité la femme qui ne fait que détailler les marchandises du com-

---

[1] La loi se sert de termes analogues dans l'art. 2011, en ce qui touche la transaction, et la décision est la même.

merce de son mari; elle est alors dans la situation
d'un commis, d'une fille de magasin, mais elle ne
s'oblige pas personnellement, elle n'est qu'une mandataire. Pour qu'elle soit elle-même commerçante, il
faut qu'elle exerce une profession commerciale séparée ; alors elle s'oblige personnellement, alors elle est
marchande publique. Eh bien, la femme mariée qui
fait un commerce n'est pas tenue de requérir l'approbation maritale toutes les fois qu'elle vend une pièce
de drap ou de tapisserie; on conçoit qu'une subordination poussée aussi loin rendrait très-difficile, sinon
impossible, l'exercice de sa profession. Il faut donc
admettre qu'une autorisation générale suffira pour
habiliter l'épouse à exercer un négoce, et c'est avec
beaucoup de raison que la loi déroge encore ici au
principe de la spécialité de l'autorisation.

§ II. — Des cas où l'autorisation de justice supplée celle du mari.

Dans le mariage, la femme est frappée d'une incapacité civile; ce principe nous est connu avec ses
causes fondamentales et ses effets immédiats. Mais
fréquemment il arrive que le mari est dans l'impossibilité physique ou morale d'accorder utilement cette
approbation sans laquelle l'épouse ne peut agir. Il est
condamné, je le suppose, à une peine afflictive ou
infamante, ou bien ses facultés mentales sont obli-
térées, voilà deux impossibilités, l'une morale, l'autre
physique, qui ne permettent pas la manifestation
régulière de la volonté. Quelle autorité viendra alors
substituer son conseil à celui du mari ? Ce sera l'autorité judiciaire, et cette décision est éminemment

sage, car la justice, gardienne du droit et de l'équité, est, de tous les pouvoirs sociaux, le plus apte à protéger la famille. Si les époux sont d'avis contraire sur l'accomplissement d'une acte juridique, ils se présentent devant le tribunal, en chambre du conseil; le mari déduit les causes de son refus, la femme expose les motifs de sa résolution et le tribunal prononce. De même, si l'on suppose le cas où le mari est dans l'impossibilité physique ou morale de fournir une autorisation régulière, c'est encore au tribunal que la femme s'adresse, et nul pouvoir n'est plus digne d'entrer dans les secrets domestiques.

De nos jours des écrivains, sans écarter d'ailleurs l'autorité judiciaire, proposent de placer à côté de la femme un conseil de parents devant lequel celle-ci conduirait son mari lorsqu'une dissidence éclaterait. Ce serait une sorte de tribunal domestique, ressemblant beaucoup à celui des Romains; ce tribunal, toutefois, ne jugerait pas comme à Rome les délits et les crimes de la femme, mais seulement les dissensions conjugales; il mettrait un frein à la puissance du mari, limiterait ses actes ou les empêcherait s'il le jugeait nécessaire.

On fait remarquer, pour appuyer ce projet de réforme, que l'institution ne serait pas nouvelle dans nos lois. L'interdit et le mineur, dit-on, sont déjà pourvus d'un conseil de famille; pourquoi ne pas établir près de chaque ménage un conseil analogue qui tempérerait le pouvoir marital souvent arbitraire, qui soutiendrait la femme souvent asservie?

Cette idée évidemment libérale fait honneur à ceux qui la suggèrent; cependant, elle ne me séduit pas, car j'y vois de graves inconvénients. Nous savons ce que produisit à Rome le tribunal domestique : des décisions arbitraires le plus souvent, c'est la remarque qu'en fait Montesquieu. Il y a tout lieu de croire qu'aujourd'hui les mêmes causes amèneraient les mêmes effets. Le conseil serait composé, sans doute, des parents de chaque époux en nombre égal, mais qu'importe ! Il serait trop près des parties pour demeurer étranger à leurs passions ; ses membres seraient peut-être le père ou la mère, le frère ou la sœur, l'oncle ou la tante du mari et de la femme ; croit-on que ces personnes, quels que fussent d'ailleurs leur esprit de conciliation, leur probité, pourraient tout à coup constituer un conseil impartial et peser froidement les prétentions des conjoints ? Le juge et la partie vivraient sous le même toit, s'assiéraient au même foyer, mangeraient à la même table, ou auraient tout au moins des relations quotidiennes ; souvent l'un recevrait de l'autre l'entretien, le logement, la nourriture, et l'on verrait là les conditions d'une bonne justice ! L'esprit de cabale corromprait une pareille institution, et ses jugements seraient, comme ils l'étaient à Rome, arbitraires.

Un conseil de même genre existe, dit-on, pour le mineur et l'interdit : les deux situations n'ont pas d'analogie. En ce qui touche le mineur et l'interdit, nous ne sommes pas en présence d'un litige à vider, de passions à calmer. Nous ne rencontrons pas deux parties élevant des prétentions contraires, et par conséquent l'esprit de coterie, les animosités n'ont plus raison d'être. Une personne à défendre ou à guérir, un patrimoine à conserver, telle est ici la mission du conseil de famille, et l'on ne voit rien là qui soulève des haines ou des jalousies. Autre différence : le conseil de famille est recruté, il est vrai, dans les lignes paternelle et maternelle de l'interdit ou du mineur, mais les deux lignes se rattachent à lui par un lien identique, le lien du sang ; le conseil ne comprend en réalité qu'une seule famille, celle du pupille ou de l'aliéné, laquelle ne voit et ne se propose qu'un but : l'intérêt de celui qu'elle protége. En serait-il de même du conseil des époux ? N'y aurait-il pas dans ce conseil deux familles distinctes, souvent opposées, et, dans ce fait, une source infaillible d'animadversion et de rivalités ? Il n'est donc pas permis d'assimiler l'institution d'un conseil entre époux au conseil de famille des mineurs et des interdits.

Par toutes ces considérations, il faut rejeter l'idée d'un tribunal domestique qui serait chargé d'apaiser et de régler les dissensions conjugales.

La justice ordinaire offre seule à cet égard des garanties suffisantes ; seule, elle réunit les lumières, l'expérience, les éléments d'impartialité ; en un mot, tout ce qu'il faut pour maintenir l'harmonie du ménage par des décisions éclairées.

Voilà pourquoi les tribunaux se substituent à l'autorité maritale, lorsque ce pouvoir ne peut s'exercer, qu'il s'agisse, d'ailleurs, d'un acte judiciaire ou extrajudiciaire. Ces fonctions incombent à la justice dans les cinq cas suivants :

1° Lorsque le mari refuse injustement son autorisation (218, 219 C. N.);

2° Lorsqu'il est absent (222 C. N.);

3° Lorsqu'il est mineur (224 C. N.);

4° Lorsqu'il est interdit (222 C. N.);

5° Lorsqu'il est condamné à une peine afflictive ou infamante (221 C. N.).

Tels sont les cas dans lesquels la puissance judiciaire prend la place de la puissance maritale. Lorsque l'époux refuse sans motif plausible le consentement qui lui est demandé, la substitution de pouvoir est fondée sur une raison d'équité; lorsqu'il est interdit ou absent, il y a impossibilité matérielle qu'il donne son avis; enfin, s'il est mineur ou s'il est frappé d'une condamnation emportant peine afflictive ou infamante, il y a impossibilité légale qu'il accorde son autorisation.

J'ai dit plus haut qu'à défaut du mari le tribunal statuait en chambre du conseil. La solennité des audiences publiques aurait ici des conséquences funestes, elle troublerait les époux, gênerait l'expression de leurs volontés, causerait du scandale, dévoilerait enfin des secrets de famille qu'il n'est jamais bon de mettre en lumière. Ce débat entre époux aura toujours lieu quand le mari aura refusé son consentement; alors les deux conjoints devront comparaître devant le tribunal pour lui exposer leurs prétentions respectives. Mais si le mari est mineur, il ne sera pas essentiel qu'il se présente; le tribunal pourra seulement l'appeler, afin d'entendre ses observations. S'il est *absent, interdit* ou *frappé d'une condamnation afflictive ou infamante*, sa comparution ne sera point possible et alors les juges décideront sur les seules explications fournies par la femme.

D'ailleurs, il existe sur ces divers points des procédures particulières que l'esprit de ce travail ne me permet pas de développer. On peut voir à ce sujet l'art. 219 du C. Nap., et les art. 861 et suiv. du Code de Pr. C.

Je dois signaler ici une question qui ne laisse pas d'offrir une certaine gravité. Dans les cas qui viennent d'être énumérés l'intervention judiciaire remplace le consentement du mari ; voilà le principe. Mais ce principe s'applique-t-il à l'hypothèse où l'épouse veut devenir marchande publique ? Il ne s'agit pas là, remarquons-le bien, d'un acte isolé, mais d'une série d'opérations qui peuvent ruiner la femme, engloutir d'un seul coup dans une faillite sa fortune entière, mettre même en péril sa liberté, car tout le monde sait avec quelles rigueurs la contrainte par corps frappe les commerçants.

Aussi l'art. 4 du Code de Commerce dispose-t-il d'une manière absolue : « La femme ne peut être marchande publique sans le consentement de son mari ».

Cette règle est-elle vraie dans tous les cas sans aucune espèce de restriction ? Beaucoup d'auteurs sont de cet avis ; mais cette solution me semble bien dure.

Il se peut que la femme soit sans travail, sans industrie ; un faible négoce lui fournirait le pain de ses enfants, de son mari lui-même ; mais ce dernier est frappé, je le suppose, d'interdiction et il ne peut accorder l'autorisation nécessaire pour l'entreprise d'un commerce. Faut-il dire qu'en pareil cas la famille devra périr de misère et que la justice n'aura pas le droit d'intervenir ? Cette rigueur ne peut être dans l'esprit de la loi. Faisons donc la distinction suivante : si le mari est présent et capable d'autoriser sa femme, son refus sera péremptoire, on suivra à la lettre l'art. 4 du Code de Commerce ; mais si le mari est mineur, s'il est absent, interdit ou condamné, comme alors il ne peut apprécier la prétention de l'épouse, il faut que la justice intervienne et ouvre à celle-ci l'unique gagne-pain qui lui soit offert.

Nous connaissons les cas où les tribunaux prennent en main pour ainsi dire la puissance maritale. Il en existe deux qui se distinguent singulièrement des premiers et qui méritent une place à part : je veux parler des demandes en séparation de corps et en séparation de biens. Alors la femme plaide contre son mari lui-même et l'on conçoit qu'elle ne puisse s'adresser à lui pour se faire autoriser. La requête qui doit précéder la demande sera présentée au président du tribunal civil sans autorisation préalable. Le président fera comparaître les époux devant lui et essaiera de les concilier ; s'il n'y parvient pas, il rendra une ordonnance en vertu de laquelle la plaignante pourra assigner son mari devant le tribunal. La loi s'écarte ici des principes ordinaires sous deux rapports : 1° L'autorisation du mari n'est jamais requise ; 2° c'est le président et non le tribunal entier qui permet d'assigner. (*Voir*, pour les détails de la procédure, les art. 865, 875, 876, 877, 878, C. Pr. C.)

§ III. — Effets de l'autorisation et du défaut d'autorisation.

L'autorisation dont la femme a besoin pour accomplir les actes de la vie civile émane soit du mari, soit de la justice. Elle produit des effets divers suivant qu'on l'envisage à l'égard de la femme elle-même ou à l'égard du mari.

Voyons d'abord quels sont les effets de l'autorisation à l'égard de l'épouse qui la reçoit. L'épouse habilitée a le droit de réaliser tous les actes juridiques sans aucune espèce de limitation.

La vie civile qui sommeillait en elle se ranime pour ainsi dire et lui permet de reprendre son action dans la sphère des intérêts matériels. Tous ses droits lui sont restitués au moins momentanément et pour l'acte seulement qui a fait l'objet de l'autorisation. Ainsi, la femme autorisée peut donner, vendre, hypothéquer, recevoir des dons, faire le commerce, en un mot effectuer tous les actes qui lui sont interdits dans le mariage et qui ont été énumérés. Elle recouvre toute sa capacité et sa condition, pour l'objet spécial que les parties ont eu en vue, ne diffère plus de celle d'une fille ou d'une veuve.

Mais il ne faut jamais oublier le principe fondamental de la spécialité de l'autorisation. L'épouse autorisée à recevoir une donation, à constituer une hypothèque, ne l'est pas à consentir une vente d'immeubles ou à faire elle-même une libéralité. Celle à qui il a été permis d'entreprendre un commerce n'a pas le droit de faire des opérations en dehors du commerce déterminé par l'acte même d'autorisation. La loi déroge bien en cette matière au principe que l'autorisation doit être spéciale; mais si la latitude laissée à la femme affecte un caractère de généralité, cette latitude n'est pas cependant absolue. Ainsi le commerce pour lequel une autorisation a été concédée est, je le suppose, une vente de mercerie ou de nouveauté ; l'épouse qui a entrepris ce commerce ne doit pas étendre ses opérations à la rouennerie, à l'épicerie, aux vins, aux huiles, etc. A plus forte raison doit-elle se garder de passer des actes qui ne présentent pas le caractère commercial, tels que donations, échanges d'immeubles, constitutions de servitude et autres de même nature.

Lorsque l'autorisation a été donnée, qu'elle provienne du mari ou de la justice, les effets ne diffèrent pas en ce qui touche la femme. Nous allons voir qu'il n'en est plus de même à l'égard du mari.

Quels sont les effets de l'autorisation en ce qui concerne le mari ? Il faut se rappeler ici un grand principe : celui qui autorise un incapable ne s'oblige pas lui-même, *qui auctor est non se obligat.* Cette règle est de toute justice, car, en pareil cas, l'acte n'a pas lieu dans l'intérêt de celui qui en permet l'exécution, mais dans l'intérêt de celui qui l'exécute, c'est-à-dire de l'incapable. Ainsi un curateur assiste un mineur émancipé dans une constitution de servitude; le contrat est passé au nom du mineur et n'oblige que lui. Si plus tard il se trouve que le mineur n'était pas propriétaire de l'immeuble sur lequel il a établi la servitude, l'acquéreur pourra exercer contre lui une action en dommages-intérêts, mais il n'aura pas de recours contre le curateur qui a seulement autorisé l'acte sans en assumer la responsabilité.

Ce qui est vrai d'un curateur le serait également d'un mari habilitant sa femme, mais avec des restrictions que l'on doit connaître.

Fréquemment il arrive que l'époux lui-même se trouve engagé par l'autorisation qu'il accorde. En voici un exemple facile à saisir : sous la plupart des régimes matrimoniaux, le mari a la jouissance des biens personnels de sa femme ; s'il autorise celle-ci à vendre l'un de ses immeubles, il est clair que, par le consentement qu'il donnera à l'aliénation du fonds, il renoncera à son droit de jouissance sur ce fonds, et qu'il sera tenu de laisser jouir l'acquéreur. On pourrait citer d'autres exemples.

C'est ici que l'on doit distinguer entre l'autorisation maritale et l'autorisation judiciaire. L'une et l'autre ne produisent pas les mêmes effets en ce qui concerne l'époux. L'autorisation émane-t-elle du mari lui-même, alors il faut appliquer les notions qui précèdent : quelquefois, le mari ne sera pas obligé, mais très-souvent il pourra l'être ; au contraire, l'autorisation émane-t-elle des tribunaux, l'époux ne sera jamais lié par l'acte qui aura été accompli, car il n'aura nullement pris part à cet acte. Ainsi, dans l'espèce indiquée ci-dessus, si la vente de l'immeuble n'a été autorisée que par la justice, le mari conservera toujours son droit de jouissance.

Voilà pour les effets de l'autorisation soit maritale, soit judiciaire. Supposons que la femme ait passé un contrat ou fait un acte sans autorisation et voyons ce qui se produit.

Une femme mariée se propose de donner l'un de ses immeubles à quelqu'une de ses amies : il lui faut pour cela l'autorisation de son mari, et à defaut de cette autorisation, celle de la justice ; mais elle n'obtient ni l'une ni l'autre et réalise quand même la gratification qu'elle a projetée. Cette donation est évidemment nulle, puisqu'elle n'a pas été précédée des formalités requises. Tout acte qui aurait été passé sans ces mêmes formalités serait entaché d'un vice analogue et partagerait le même sort.

Dans notre ancien droit, la nullité était même *absolue*; toute personne pouvait s'en prévaloir et aucune prescription ne la couvrait. Aujourd'hui elle est simplement *relative*; elle ne peut être invoquée que par certaines personnes et elle se prescrit par un laps de temps déterminé.

Le contrat passé par la femme non autorisée n'est donc pas radicalement nul. Il est même parfaitement valable à l'égard du tiers qui l'a consenti, car ce n'est pas dans l'intérêt de ce dernier que la loi prononce la nullité. *Nul* vis-à-vis de la femme, *valable* vis-à-vis de l'autre partie, le contrat est un contrat boiteux, *claudicans contractus*. Si l'épouse en demande l'annulation, il faut qu'il soit annulé; si elle en réclame l'exécution, il faut qu'il s'exécute, et le coobligé n'a pas le droit de se plaindre, car il doit s'imputer d'avoir contracté avec une incapable.

Mais, dira-t-on, il est de bonne foi, il ne croyait pas avoir affaire à une femme mariée; celle-ci lui a même affirmé qu'elle était très-capable, qu'elle n'avait jamais été mariée ou bien qu'elle avait contracté mariage, mais qu'elle était veuve depuis longtemps. Qu'importe! il ne devait pas la croire sur parole; il devait prendre des informations.

Cependant, si l'épouse qui a passé l'acte a trompé les tiers par des machinations frauduleuses, si, par exemple, elle leur a présenté un faux acte de décès de son mari, elle a commis un délit dont elle est responsable et elle ne peut se faire restituer contre l'engagement qu'elle a contracté (arg. d'analogie tiré de l'art. 1307).

La nullité dont je viens de parler est simplement relative, elle n'appartient qu'à certaines personnes ; or quelles sont ces personnes ? Ce sont :

1° *La femme;* bien qu'elle soit en faute, bien qu'elle ait méconnu ses devoirs, bien qu'elle ait trompé les tiers, elle a le droit de faire annuler l'acte qu'elle a personnellement consenti, car cet acte manque des formalités légales; il est présumé constituer une atteinte aux intérêts de la famille. C'est assez pour que la loi ouvre l'action en nullité à celle-là même qui, pour le réaliser, s'est insurgée contre le pouvoir marital.

2° *Les héritiers de la femme ;* si celle-ci meurt sans exercer son action, cette action passe aux héritiers qui continuent la personne de la *de cujus.*

3° *Le mari ;* la puissance maritale étant fondée sur l'intérêt commun des époux et, par conséquent, étant légitime aux yeux de la loi et de la raison, il faut que cette puissance soit respectée. Or, dans l'espèce, elle a été violée, méconnue; personne assurément ne la défendra mieux que celui-là même qui l'exerce, c'est-à-dire le mari. D'un autre côté, la loi présume, comme je l'ai dit tout à l'heure, que l'intérêt de la famille a été sacrifié, et c'est encore pour ce motif qu'elle accorde au mari l'action en nullité dont le but est de faire tomber l'acte qui compromet cet intérêt.

Sans entrer dans les difficultés qui s'élèvent sur le point de savoir si l'action en nullité passe aux héritiers du mari, je dirai seulement que la négative me paraît préférable, malgré le texte de l'art. 225 du Code Napoléon.

Lorsque la nullité a été prononcée, que résultera-t-il de l'annulation ? Le *statu quo* est rétabli autant que faire se peut. Le tiers contractant restitue à la femme ce qu'il a reçu ; celle-ci agit de même, pourvu, toutefois, que les choses par elle acquises existent dans son patrimoine ; car si elle les a dissipées soit en partie, soit en totalité, elle est soumise seulement à la restitution de ce qu'elle détient ou du profit qu'elle a tiré de l'opération. Si elle n'a profité de rien, elle n'est tenue de rien restituer.

Il nous reste à voir comment s'éteint l'action en nullité. Elle peut s'éteindre d'abord par une *ratification*; c'est une conséquence du principe que la nullité n'est que relative, le contrat n'est pas entièrement nul, il a une existence, mais à cette existence s'attache un vice d'organisation qui amènera la perte du contrat ou s'évanouira, suivant que les parties demanderont l'annulation de l'acte ou, au contraire, le ratifieront par une nouvelle expression de leur volonté.

L'action en nullité s'éteint encore par une prescription de dix années. Les dix ans courent pour le mari du jour où il a eu connaissance de l'acte ; pour la femme, du jour de la dissolution du mariage (1304 C. N.). Jusqu'à cette dissolution, la prescription est suspendue en faveur de la femme; le législateur a craint que celle-ci n'intentât point l'action en nullité qui lui était dévolue, tant qu'elle serait soumise à la puissance maritale, de peur d'attirer sur sa tête la colère de son époux. On l'a considérée comme étant en quelque sorte dans l'impossibilité morale d'agir; or, il est de principe que la prescription ne court pas contre celui qui ne peut l'interrompre : *Contra non valentem agere non currit prescriptio.*

§ IV. — Actes que la femme peut faire sans autorisation.

Dans un haut intérêt d'harmonie conjugale et de prospérité domestique, la femme est incapable d'accomplir seule les actes les plus graves de la vie civile. Mais cette incapacité n'est pas générale et absolue; il est certains droits qu'il est permis à l'épouse d'exercer sans l'autorisation ni du mari, ni de la justice. Nous devons les connaître pour avoir sous les yeux un tableau complet de l'incapacité de la femme mariée. Nous savons quelles prohibitions la frappent ; voyons sur quel terrain peut se mouvoir sa volonté libre et spontanée.

J'ai déjà signalé une exception au principe de l'incapacité, en ce qui touche les actes d'administration. La femme peut se réserver, lors de son mariage, l'administration de tout ou partie de ses biens ; mais il y a ici plutôt une exception à la règle que l'autorisation doit être spéciale, qu'un défaut absolu d'autorisation. Ne peut-on pas dire, en effet, qu'au moment de la confection du contrat de mariage, le fiancé consent aux réserves de pouvoir que stipule la fiancée, et qu'il lui accorde pour l'avenir une autorisation générale ? Toutefois, cette hypothèse est un cas à part, car à l'époque du contrat de mariage, l'union des époux n'est pas encore célébrée et il n'existe ni puissance maritale, ni incapacité (223 C. N.).

L'épouse n'agirait pas non plus en dehors du consentement marital, si, après la célébration du mariage, elle recevait une autorisation générale d'administrer. Mais l'on ne conçoit guère une autorisation de ce genre. En effet, de deux choses l'une : ou la femme s'est réservé la gestion de ses biens dans son contrat matrimonial, et alors elle n'a pas besoin d'autorisation pour administrer son patrimoine ; ou elle n'a fait aucune réserve à cet égard, et alors le mari ne peut l'autoriser à exercer un droit qu'elle n'a pas.

Dans le cours du mariage, il est sans doute loisible au mari de confier à sa femme l'administration de tout ou partie du patrimoine conjugal ; mais, en pareil cas, l'épouse n'agit pas en son propre nom ; elle est mandataire de son mari ; or, autre chose est le *mandat*, autre chose l'*autorisation*. La femme mandataire n'oblige que son mandant ; la femme autorisée s'oblige elle-même.

Les actes d'administration ne sont pas toujours permis à la femme, mais il est certains pouvoirs qui lui appartiennent nécessairement. Elle est incapable, nous l'avons vu, *d'ester en justice*, *d'aliéner*, *d'acquérir* et de *s'obliger* ; mais il est des actes nombreux qu'aucune prohibition ne saurait atteindre. Ainsi, il est permis à une femme mariée de faire son testament. Lui enlever ce droit intime de la conscience, en vertu duquel l'homme exprime à ses proches, à ses amis, ses volontés dernières, c'eût été introduire dans la loi une injustice et une tyrannie. D'ailleurs, le droit de tester, reconnu à l'épouse, n'est point une atteinte à la puissance maritale ; le testament ne s'exécutera qu'après la mort de la testatrice, c'est-à-dire après la dissolution du mariage, et à ce moment, le pouvoir du mari aura cessé d'exister.

Il est d'autres droits attachés essentiellement à la personne de la femme, qu'aucune loi ne peut lui enlever : tel est le droit de consentir au mariage de ses enfants (148, 149 C. N.); tel est celui de reconnaître un enfant naturel (337 C. N.). Il est clair que ces actes ne sont pas susceptibles d'autorisation préalable.

L'épouse a des pouvoirs importants en ce qui touche les actes qu'on appelle en droit *conservatoires*, parce que ces actes ont pour objet la conservation des biens acquis. Dans cet ordre d'idées, elle peut faire sommation à un débiteur de se libérer, interrompre une prescription, transcrire une donation dont l'acceptation a été autorisée (940 C. N.), inscrire l'hypothèque que la loi lui confère sur les biens de son mari (2139 C. N.), exercer les poursuites nécessaires pour éviter les déchéances en matière de lettres de change et de billets à ordre. Tous ces actes sont laissés à la discrétion de la femme, parce qu'ils protègent sa fortune et qu'ils ne peuvent nuire à son mari.

Il est permis à la femme d'accepter un mandat pourvu qu'elle ne prenne pas l'engagement de s'obliger en son propre nom (1990 C. N.). Elle n'oblige alors que son mandant, et les opérations auxquelles elle se livre ne constituent une atteinte ni aux intérêts, ni à la puissance de son mari. L'incapacité ne la frappe que lorsqu'elle agit en son nom personnel; mais, dès qu'elle fait un acte pour le compte d'autrui, elle devient capable. C'est ainsi que la mère peut accepter une donation offerte à ses enfants mineurs (935 C. N.); ce n'est pas elle qui reçoit la libéralité ; elle ne sera donc pas soumise à l'obligation alimentaire dont le donataire est tenu envers le donateur (955 C. N.).

L'épouse est souvent mandataire de son mari lui-même. C'est à ce titre qu'elle achète les provisions du ménage, les menues fournitures de la maison. Le plus souvent, elle est encore mandataire de son mari, quand elle paie le prix de ses toilettes, de ses bijoux, de ses vêtements; en effet, sous la plupart des régimes matrimoniaux, les revenus des biens de la femme appartiennent au mari, et celui-ci a le droit d'en surveiller l'emploi. Cela est si vrai, que si l'épouse dépensait des sommes énormes pour acheter des objets de luxe ou des ameublements de caprice qui ne conviendraient ni à son rang, ni à son état, ni à ses moyens, le mari aurait le droit de s'opposer à l'acquittement de ces dépenses. La femme aurait alors excédé son mandat, car ses pouvoirs sont naturellement limités à des acquisitions utiles et ne se prêtent pas à un gaspillage ruineux qui absorberait en quelques mois tout le patrimoine des époux. Un mari peut même prévenir les marchands que, s'ils vendent à sa femme des objets à crédit, les mémoires ne seront pas remboursés. On a vu des avertissements de ce genre insérés dans les journaux, afin d'informer à la fois tous les commerçants d'une localité.

On sait que la femme n'a pas le droit de s'obliger sans autorisation ; mais il existe des obligations qui ne dépendent pas de la volonté, qui atteignent toute

personne, même les incapables, et par conséquent
la femme mariée. Je veux parler des engagements
qui résultent des délits, des quasi-délits et des quasi-
contrats.

Une femme commet un vol, une escroquerie : dira-
t-on que son mariage la rend incapable de s'obliger,
et qu'elle n'est pas tenue de restituer les choses déro-
bées ? Personne n'admettra cette solution ; autrement
l'épouse trouverait dans son état d'incapable un
brevet d'impunité. Ce qui s'applique aux délits n'est
pas moins vrai des quasi-délits, c'est-à-dire des faits
illicites commis sans intention de nuire. Ainsi, une
femme mariée expose sur une fenêtre des pots de
fleurs ; l'un de ces objets tombe sur un passant et lui
fait une blessure : il y a ici encore un dommage causé,
et la victime de l'imprudence aura le droit d'exiger
une réparation.

Relativement aux quasi-contrats, c'est-à-dire aux
engagements qui naissent d'un fait *licite* et *personnel*
et non d'une *convention*, il faut distinguer. La femme
se trouve obligée seulement quand le fait qui constitue le quasi-contrat *émane d'un tiers*. Ainsi, pendant
son absence, quelqu'un vient s'immiscer dans la gestion de ses biens : il est certain que cette gestion
l'obligera et qu'elle devra rembourser au gérant les
sommes qu'il aura dépensées. Mais supposons que
l'épouse elle-même vienne à gérer les affaires d'autrui ; ici, le fait qui constitue le quasi-contrat est *personnel* à la femme ; or, elle ne s'oblige point par son
propre fait sans une autorisation préalable, donc elle
ne sera pas liée envers le tiers dont elle aura admi-

nistré les biens. Seulement, si elle a retiré de la gestion un profit quelconque, elle sera tenue dans la
mesure de ce profit, car elle ne doit pas s'enrichir
aux dépens d'autrui : *neminem æquum est cum alterius
detrimento et jactura fieri locupletiorem.*

LIVRE DEUXIÈME.

———◆———

DES POUVOIRS DU MARI SUR LES BIENS DE LA FEMME.

NOTIONS GÉNÉRALES.

Le mariage n'est pas seulement une union de personnes ; il est aussi une société de biens. A côté du mariage, contrat principal, se placent les conventions pécuniaires qui constituent le contrat accessoire et reçoivent dans le droit comme dans la pratique la dénomination de *contrat de mariage*. Le premier règle les rapports personnels des époux, et nous avons vu que ces rapports, se traduisant sous la forme de droits et de devoirs, tantôt s'attachaient exclusivement aux individus, tantôt apparaissaient à l'occasion des biens ; mais dans tous les cas l'action du mari sur la personne même de sa femme était dominante. Le second, au contraire, régit les rapports pécuniaires des conjoints : ici l'idée de personne s'efface, l'idée de biens est au premier rang. L'influence du mari est toujours prépondérante, mais elle a pour objet le patrimoine de la femme ; c'est ce qui explique pourquoi le législateur, abordant cette matière, l'intitule : *Du contrat de mariage et des* DROITS RESPECTIFS *des époux;* il ne dit plus, comme au titre du *Mariage : Des droits et des devoirs*, etc.; il ne parle que de droits, car dès qu'il s'agit de conventions purement pécuniaires, il ne saurait être question de devoirs. Le devoir, en effet, se rattache essentiellement à l'ordre moral, et s'il naît quelquefois à l'occasion des biens, il exprime toujours une relation de personne à personne.

Jusqu'ici, j'ai considéré la puissance maritale dans ses rapports avec l'association morale des conjoints ; je vais l'envisager maintenant dans ses rapports avec leur association pécuniaire.

On pourrait sur cette théorie me faire une objection : Mais, dirait-on, dès lors qu'il s'agit des intérêts purement pécuniaires du mariage, il ne peut plus être question de puissance maritale. En effet, d'une part, les époux n'ont pas le droit de déroger aux principes de la puissance maritale (1388 C. N.) ; et d'autre part, il leur est permis de régler comme ils l'entendent leurs conventions pécuniaires (1387 C. N.) ; si la puissance du mari telle que la loi la comprend s'appliquait aux intérêts exclusivement matériels, la seconde de ces règles serait en contradiction avec la première ; le législateur, après avoir prohibé par l'une toute dérogation à la puissance maritale, autoriserait par l'autre des dérogations à cette puissance, et toutes les fois que les parties modifieraient les droits du mari dans le contrat de mariage, elles porteraient une atteinte plus ou moins grave à son pouvoir.

Cette objection, ce me semble, n'a que l'apparence de la vérité ; elle repose sur une confusion des attributs de la puissance maritale. Voici, je crois, la théorie de la loi, qui ne renferme point de contradiction et est parfaitement raisonnable. La puissance maritale a bien réellement un double objet : 1° les

intérêts moraux ; 2° les intérêts pécuniaires de l'association conjugale ; or, dans ces deux ordres
d'intérêts, le pouvoir du mari non-seulement a des
attributs *essentiels* auxquels les époux ne doivent
point contrevenir, mais aussi des attributs que l'on
pourrait appeler *facultatifs*, auxquels les époux ont
le droit de déroger. Ainsi, un attribut essentiel du
pouvoir marital sera le droit de fixer le domicile
commun ; un attribut facultatif sera pour le mari le
droit d'administrer le patrimoine propre de la femme.
Le contrat de mariage doit toujours respecter le
premier; quant au second, il peut le restreindre ou le
supprimer. La loi détermine dans chaque espèce
quelle est la nature des droits de l'époux, et l'on
peut dire qu'en général les intérêts moraux de
l'association sont la source d'attributs essentiels,
tandis que ses intérêts pécuniaires donnent naissance à des attributs simplement facultatifs. Avec ces
idées, il nous est facile de comprendre le système
de la loi : lorsque dans l'art. 1388 le législateur
déclare que les époux ne peuvent déroger à la puissance maritale, il n'entend parler que des attributs
essentiels de cette puissance, et lorsque dans
plusieurs articles il permet aux conjoints de régler
à leur guise leurs conventions matrimoniales, il
n'autorise ces stipulations qu'à la condition qu'elles
modifieront uniquement les pouvoirs purement acci-
dentels de l'époux.

Je tiens donc pour certain que la puissance maritale n'a pas seulement pour objet la personne de la
femme, soit que l'on considère celle-ci en elle-même,
soit que l'on examine sa capacité sur ses biens, mais

qu'elle s'applique aussi aux intérêts purement pécuniaires de l'association conjugale. A ce dernier point
de vue, deux institutions dominent notre législation :
la communauté d'origine gauloise, le régime dotal
d'origine romaine.

Le régime de communauté, né sur notre sol, se
rattache à nos traditions nationales. Il existait en
germe dans les usages de la Gaule où chaque époux
mettait en commun une valeur égale, à laquelle
venaient s'ajouter dans le cours du mariage les
revenus que les conjoints retiraient de leurs biens
propres et les bénéfices qu'ils réalisaient par leur
travail. Telle est l'idée première du régime de communauté qui a pris place dans notre Code.

La notion de communauté appelle naturellement
et forcément celle de non-communauté. On ne peut
contraindre les époux à mettre dans tous les cas des
biens en commun; il y aura donc beaucoup de
mariages où la communauté ne sera pas constituée.
Chaque époux conservera par devers lui sa fortune
personnelle; toutefois, le mari jouira des biens de la
femme pour en employer les fruits à l'entretien et à
tous les besoins de la famille; cette situation excluant
la communauté prendra le nom de régime *sans
communauté*.

Il est possible même que les patrimoines de chaque
époux soient encore plus radicalement séparés;
l'épouse conservera ses biens non-seulement en
propriété, mais encore en jouissance, sauf à fournir
à son mari une quote-part de ses revenus pour la
subsistance et les charges de la famille. Cet état de
choses constituera un régime nouveau qui ne se

confondra point avec le précédent et recevra la dénomination de *séparation de biens*.

Le régime sans communauté et celui de la séparation de biens accompagnent donc la communauté,
et bien qu'ils l'excluent, ils en sont néanmoins la
conséquence logique. Ici, l'histoire est d'accord avec
la raison : les deux régimes dont je viens de parler
se perdent dans la nuit des origines gauloises comme
le régime même de communauté ; ils se sont perpétués dans nos vieilles coutumes, et en 1804 le
législateur moderne les a conservés.

Ainsi, trois régimes matrimoniaux : la communauté, la non-communauté, et la séparation de biens
nous viennent des premiers peuples qui habitèrent
notre pays ; les Romains qui l'envahirent avec César
et s'établirent principalement dans le Midi nous ont
transmis le régime dotal.

Ce régime nous est connu avec sa formation et ses
péripéties successives jusqu'au temps de Justinien.
Il est passé dans notre ancien droit et dans le Code
actuel avec la plupart des caractères qui le distin-
guaient à Rome.

Sous ces quatre régimes, le mari a des pouvoirs
multiples et variés ; les règles qui les établissent
sont éparses dans le Code Napoléon, au titre du
Contrat de mariage et des droits respectifs des époux, de
l'art. 1387 à l'art. 1581.

J'essaierai de rechercher dans ces 195 articles
les principes fondamentaux qui caractérisent les
pouvoirs du mari sur les biens de la femme. Je
parle de *pouvoirs* plutôt que de *droits*, car le pouvoir, bien qu'il soit un droit lorsqu'il se fonde sur

une loi , marque plus spécialement l'action , l'autorité, l'influence, en un mot la puissance maritale.

J'exposerai les pouvoirs du mari : 1º sous le régime
de communauté ; 2º sous le régime sans communauté ;
3º sous la séparation de biens ; 4º sous le régime
dotal ; et je me demanderai , en cinquième lieu, par
quelles institutions la puissance du mari est contrôlée
et tempérée.

CHAPITRE Ier.

DES POUVOIRS DU MARI SOUS LE RÉGIME DE LA COMMUNAUTÉ.

Le législateur a placé la communauté au premier rang des régimes matrimoniaux, parce qu'elle est d'origine nationale, qu'elle paraît conforme à l'union intime des époux et qu'elle intéresse chacun d'eux à la prospérité domestique. Il l'a réglementée dans tous ses détails avec un soin scrupuleux et en a fait le régime de droit commun, c'est-à-dire l'ensemble des règles auxquelles les conjoints sont toujours présumés se soumettre quand ils ne font pas de contrat de mariage. De là il suit que, dans notre droit, la communauté, telle que le Code l'établit, accompagne le mariage dans deux cas : 1º quand les époux ne passent pas de contrat; 2º lorsque, dans leur contrat, ils adoptent purement et simplement le régime de la communauté; et alors elle prend le nom de *communauté légale*, non pas que la loi en fasse une obligation, mais parce qu'elle en fixe toutes les règles et que les parties les acceptent sans y rien modifier.

Le plus souvent, au contraire, les dispositions de la loi sur la communauté légale ne satisfont pas les époux; elles auraient l'inconvénient presque toujours d'enrichir l'un au détriment de l'autre. Prenons un exemple : le futur mari a un patrimoine de 100,000 fr. en immeubles; la fiancée a aussi une fortune de

100,000 fr., mais entièrement composée de meubles. Ils se marient sous le régime de la communauté légale, qu'arrive-t-il? Les immeubles du mari lui restent propres, mais les meubles de la femme deviennent communs aux deux époux. Survient la dissolution de la communauté : le mari conserve tous ses immeubles et prend 50,000 fr. dans les meubles de la femme, lesquels sont tombés en communauté. On voit que, par l'effet du partage, l'un des conjoints perd 50,000 fr. et que l'autre s'enrichit de pareille somme. Ce résultat serait inique si la loi l'imposait ; mais les parties ont un moyen très-simple de l'éviter. Elles établiront dans leur contrat que chacune d'elles conservera ses biens tant meubles qu'immeubles et que la communauté sera réduite aux acquêts; par l'effet de cette clause, la femme recouvrera ses 100,000 fr. au moment du partage. Mais alors la communauté légale ayant été modifiée sera devenue *conventionnelle* ; il en sera de même toutes les fois que les époux auront introduit des clauses particulières dans leurs conventions matrimoniales. La communauté conventionnelle se substitue ainsi à la communauté légale dans la plupart des mariages. Voyons quels sont, dans l'un et l'autre cas, les pouvoirs du mari.

§ I. — Communauté légale.

Le régime de la communauté met en présence trois patrimoines : les biens propres du mari, le fonds commun et les biens propres de la femme. Les premiers ne changent pas de condition par l'effet du mariage ; le mari exerce sur ses biens personnels, après comme avant son union, tous les droits d'un propriétaire. Quant aux biens de la communauté et aux propres de la femme, leur situation est l'objet de règles spéciales que nous devons étudier.

I. *Biens de la communauté.* — Il serait trop long d'énumérer ici les biens qui tombent dans la communauté et ceux qui en sont exclus. Remarquons seulement que l'esprit de la loi est de jeter les meubles dans le fonds commun et d'en éliminer les immeubles ; c'est une conséquence de cette idée fort ancienne : *mobilium vilis possessio*, la possesion des meubles n'a que peu de valeur ; celle des immeubles, au contraire, constitue la véritable richesse. Aujourd'hui que la fortune mobilière a conquis des proportions inconnues jusqu'à notre époque, cette idée est très-fausse, sans doute, mais elle existe encore dans nos lois et forme la base de textes nombreux.

Il s'en faut, d'ailleurs, que la communauté n'embrasse jamais que des meubles ; elle comprend souvent des biens immobiliers ; et suivant qu'il s'agit des uns ou des autres, les pouvoirs du mari sont plus ou moins étendus.

Lorsqu'on s'occupe de biens, il est toujours essentiel de savoir à qui ces biens appartiennent. Sous le régime de la communauté, le patrimoine commun n'est pas la propriété exclusive du mari, il appartient à la communauté, c'est-à-dire aux deux époux. Il ne faudrait pas croire, en effet, que la communauté constituât une personne juridique, susceptible d'avoir des droits et de contracter des obligations. Sans doute, elle peut acquérir, aliéner, s'obliger ; mais qui est-ce qui acquiert, aliène ou s'oblige ? Ce sont les époux communs, et lorsqu'on dit : la communauté, on désigne par là le mari et la femme [1]. Encore une fois la société conjugale, à la différence des sociétés ordinaires, n'est point un être moral, distinct de chaque époux.

Les objets de la communauté étant le domaine des deux conjoints, il est impossible, en cette matière, de présenter isolément les pouvoirs du mari sur les biens de la femme, puisque ces biens appartiennent simultanément et indivisément à l'un et à l'autre. En conséquence, je dois exposer les droits du chef du ménage sur les biens qui composent la communauté.

En premier lieu le mari exerce sur la communauté un *droit d'administration* ; il en est, comme on disait jadis, le *seigneur et maître* ; il passe les baux, perçoit les revenus, recouvre les capitaux et en donne valable quittance, transige, intente les actions soit mobilières, soit immobilières, soit possessoires, soit pétitoires, et fait, en un mot, tout ce qu'exigent l'entretien, la culture et la prospérité des biens. Personne ne lui conteste ce pouvoir ; dans la communauté comme dans toute autre société, il faut un gérant, et cette direction est confiée au mari, parce que l'homme est en général plus propre que la femme au maniement des affaires.

Mais les pouvoirs du mari excèdent de beaucoup ceux d'un simple administrateur ; ils embrassent à peu près tous les attributs de la propriété et en comprennent même l'élément le plus grave : le *droit de*

---

1. Le mot *communauté* désigne tantôt un ensemble de règles, tantôt le fonds commun, tantôt les époux communs.

disposition, soumis toutefois à de certaines limites. Oui, le mari a la disposition des biens de la communauté ; il peut les vendre, les aliéner, les hypothéquer sans le concours de la femme (1421 C. N.).

Voilà, certes, un pouvoir bien exorbitant ; il ne faut pas, en effet, perdre de vue que le mari n'est pas propriétaire de la communauté ; l'épouse a sur les biens qui forment le fonds commun un droit de copropriété en tous points identique à celui de l'époux ; dès lors, comment concevoir que celui-ci exerce des pouvoirs si étendus, qu'il puisse, comme on dit, perdre, dissiper et anéantir le patrimoine de l'association, *perdere, dissipare, abuti*, sans que la femme soit appelée à fournir son consentement ou au moins son avis. La loi est ici l'objet de vives critiques : Les pouvoirs du mari, dit-on, dépassent toutes les bornes, et des conséquences désastreuses sont le fruit d'un pareil système. Le mari d'une femme du peuple, un ivrogne, un libertin vendra le lit de sa femme, le berceau de son enfant, tout le mobilier pour en dépenser le prix avec une vile créature, et si la femme se plaint devant la justice, la justice lui répond, la loi à la main : « Le mari peut vendre tous les meubles de la communauté[1]. »

Si, d'une part, les critiques abondent, d'autre part, les éloges ne sont pas moins enthousiastes. Quelle magnifique législation ! fait-on remarquer. De même que les personnes sont unies par le mariage, de même leurs biens sont confondus ; si l'association prospère, les deux conjoints s'enrichissent ; si elle essuie des

---

1. Legouvé, *Hist. mor. des fem.*, liv. 3, ch. 2.

pertes, ils deviennent tous les deux plus pauvres, car l'union conjugale est une communauté de vie dans la mauvaise comme dans la bonne fortune. Voilà bien le régime national par excellence, le régime qui unit, tandis que le régime dotal est un régime qui sépare. On attaquerait les pouvoirs du mari ! Mais ces pouvoirs sont le levier qui assure la prospérité de l'association ; dans toute société, il faut un pouvoir fort, énergique, car c'est l'énergie qui prépare souvent le succès : *Audaces fortuna juvat.* Et remarquez le rôle du mari : à part quelques rares exceptions, c'est lui qui travaille, qui enrichit la famille, soit qu'il se courbe tout le jour sous le poids des travaux corporels, soit qu'il brave les périls des combats et qu'en se couvrant de gloire, il parvienne en même temps à la fortune, soit qu'enfin, il consume sa santé et sa vie dans les labeurs de l'esprit. Voilà ce qu'il fait, et cependant le fruit de ses peines tombe dans le patrimoine commun; la femme y participe comme lui. On reproche à la communauté d'être trop favorable à la puissance maritale; ne faudrait-il pas lui reprocher plutôt avec Malleville d'*accumuler des richesses sur la tête des femmes* [1] ?

Il y a certainement du vrai et du faux dans ces théories opposées. S'il y a des hommes qui passent leur vie dans le travail, dans les périls de toute nature pour enrichir le patrimoine commun, tandis que la femme passe le temps dans l'oisiveté, il y en a aussi qui, moins doués de dévoûment et de zèle, dévorent très-vite et leur fortune et celle de leur

---

1. *Voir*, dans ce sens, Troplong, *Du contr. de mar.*, art. 1421. — Fenet, 413, p. 550.

femme ; et, d'un autre côté, s'il se rencontre des ouvriers libertins qui vendent leurs meubles pour en dissiper le prix, on en voit aussi qui se sacrifient pour leur femme et leurs enfants. Mais , comme ces cas divers peuvent se présenter, il faut, s'il se peut, trouver dans la législation un système qui, sans entraver le travail et le dévoûment , mette obstacle aux dissipations et aux désordres.

Quels sont les systèmes possibles ?

Constituera-t-on près du mari un tribunal domestique qui interviendra dans les questions les plus graves, dont l'approbation sera nécessaire pour l'accomplissement d'un certain nombre d'actes ? J'ai déjà dit qu'à mon sens un conseil de ce genre n'était pas applicable à la société conjugale, et j'ai expliqué pourquoi. Il est permis d'ajouter que l'obligation de consulter ce conseil pour la plupart des actes entraînerait des lenteurs incessantes ; ne sait-on pas que le conseil des mineurs et des interdits, indispensable en pareil cas, est souvent une source de gêne pour la gestion du tuteur ? Si une assemblée analogue était créée à côté de chaque ménage, ce qui se produit pour le tuteur et pour les biens de l'incapable deviendrait universel ; une surveillance inquiète et gênante pèserait sur tous les citoyens et sur tous les biens de France.

Exigera-t-on pour chaque fait une autorisation judiciaire ? Ce système est encore impraticable ; comme le précédent, il serait un obstacle à l'activité du mari. Il faudrait donc s'adresser aux tribunaux, mettre en mouvement la puissance judiciaire pour aliéner une armoire ou une commode! Ne voit-on pas que les demandes d'autorisation assiégeraient toutes les cours, tous les magistrats, et que le fonctionnement de la justice en souffrirait infailliblement ?

Permettra-t-on à la femme d'opposer, quand il lui plaira, un *veto* absolu aux actes que le mari se proposera d'accomplir ? Cette législation, qu'on y prenne garde, ne serait pas complétement neuve. Dans notre ancien droit, quelques coutumes décidaient que les biens de la communauté ne pouvaient être aliénés sans le consentement de la femme [1]. Cette règle paraît séduisante au premier abord. Le fonds commun est la propriété des deux époux; leurs deux volontés devront concourir pour l'aliénation de ce fonds. S'il fut jamais un système logique, c'est assurément celui-là. Cependant, une règle semblable offrirait de nombreux dangers; le droit accordé à la femme serait un véritable droit de *veto*; elle pourrait, suivant son caprice, paralyser l'action maritale et entraver les actes les plus urgents. Deux personnes sont en présence : si vous leur donnez à chacune un pouvoir égal, il n'y aura pas de majorité possible, et par conséquent pas d'issue; c'est l'immobilité que vous aurez établie. Dans cette théorie, le principe d'une direction unique dans le ménage, seul fondement légitime de la puissance maritale, est radicalement annihilé.

En revanche, ne faut-il pas reconnaître que, dans le système de la loi, ce principe de direction devient

---

1. Brodeau, *Coutume du Maine*, art. 301. — *Cout. d'Ostrincourt*, § 10 : Le mari ne peut vendre que la moitié des biens acquis sans le consentement de sa femme; il lui faut ce consentement pour aliéner l'autre moitié. — *Cout. de Wahaignies*, § 2 : Le mari ne peut valablement vendre les héritages acquis durant son mariage, sans le consentement de sa femme. — On rencontre des dispositions analogues dans quelques autres coutumes.

absolu, même tyrannique, et que le rôle de la femme disparaît à son tour d'une manière radicale? M. Trop_ long dit bien que ce rôle existe, qu'il est « une parti- cipation inerte à une société dont le mari est le seul représentant actif et réel [1] ». Mais il est difficile de comprendre comment une participation *inerte* est une véritable participation, car il s'agit du rôle de la femme pendant le mariage et non de son droit au par- tage des biens à la dissolution de la communauté. La vérité est que, durant le mariage et sous le régime de communauté, le rôle de la femme est totalement sup- primé ; la loi lui permet, sans doute, de demander une séparation de biens et de dissoudre ainsi la com- munauté, mais elle ne lui accorde aucun moyen légal de surveiller la gestion du mari sans recourir à ce pro- cédé extrême dont l'emploi est toujours pénible.

Il faudrait trouver un système qui, tout en sauve- gardant le principe de l'unité de direction dans le ménage, assurât à la femme une influence légitime. Je demande la permission d'exposer à ce sujet quel- ques idées. Ne pourrait-on pas exiger que l'épouse fût consultée pour tous les actes de disposition autres que ceux qui rentrent dans l'administration des biens? Si les deux époux étaient d'avis contraire et que chacun persistât dans son opinion, le mari pourrait passer outre et exécuter l'acte. Mais, au moins, la femme aurait formulé son avis, elle aurait pu prévoir des conséquences et des dangers auxquels le mari ne songeait aucunement.

Je ne me dissimule pas que ce système pourrait

1. Troplong, *Du contr. de mar.*, t. 2, p. 131.

offrir des difficultés d'application; mais il offrirait aussi plusieurs avantages :

1° Si le mari se proposait de vendre des biens dans un but illégitime et honteux, la seule pensée qu'il doit communiquer à sa femme son projet le retiendrait presque toujours sur cette pente mauvaise.

2° Le principe de l'autorité maritale subsisterait dans toute sa force ; puisque, en cas de dissentiment, la volonté du mari l'emporterait.

3° L'épouse aurait alors un moyen légal d'intervenir dans la direction des biens; elle exercerait, par le fonctionnement même des dispositions de la loi, cette surveillance qu'on ne lui dénie pas en principe, même dans le système actuel, puisqu'on lui ouvre une action en séparation de biens, en cas de désordre dans les affaires du mari. Elle connaîtrait nécessairement les affaires de la famille, et il lui serait facile de demander une séparation, si le besoin s'en faisait sentir.

4° La femme prendrait part à la sauvegarde des intérêts communs; elle s'initierait au maniement des affaires, et si tout-à coup, par l'absence, l'interdiction ou la mort du mari, tout le patrimoine lui était confié, elle serait au courant de l'administration et il lui suffirait d'appliquer les lumières acquises sous la direction maritale.

5° Enfin, l'épouse, ainsi initiée par la force des choses aux affaires du ménage, travaillerait à leur prospérité avec un zèle tout nouveau ; elle ne passerait plus le temps dans l'oisiveté, ne rêvant que les fêtes et les plaisirs. Peut-être alors pratiquerait-elle l'adage que, lorsque le mari acquiert, le rôle de la femme est de conserver, tandis qu'aujourd'hui, à considérer l'état social, on pourrait presque dire que si le rôle du mari est d'acquérir, celui de la femme est de dissiper.

Le droit de disposition comprend non-seulement les aliénations à titre onéreux, mais encore les aliénations à titre gratuit. On peut dire qu'en principe le mari a la faculté de faire des donations; mais par suite du préjugé légal que j'ai déjà signalé et qui consiste à protéger spécialement la fortune immobilière, le pouvoir marital est moins étendu sur les immeubles que sur les effets mobiliers.

En ce qui touche les immeubles, les donations sont interdites au mari. Pour ce qui est des meubles, au contraire, l'époux peut en faire l'objet de libéralités sous deux conditions : 1° que la condition n'embrassera pas une universalité ou une quotité de choses mobilières; 2° qu'il ne s'en réservera pas l'usufruit (1422). — La loi prohibe les donations de meubles soit universelles, soit à titre universel, parce que ces donations absorberaient trop vite la fortune mobilière des époux ; elle ne tolère pas non plus que le mari se réserve l'usufruit des objets donnés, car s'il avait ce droit, il ne se dépouillerait pas lui-même par les donations qu'il ferait, il ne dépouillerait que ses héritiers, et l'on est facilement généreux lorsqu'on n'ôte rien à ses revenus ; or, la loi prohibe plus strictement ce qui se pratique plus aisément : *lex arctius prohibet quod facilius fieri potest*. En définitive, le mari peut donner seulement les meubles de la communauté en pleine propriété et à titre particulier.

Toutes ces restrictions ne s'appliquent pas aux libéralités dont le mari gratifie les enfants communs.

Pour l'établissement de ces derniers, il peut faire toutes les donations possibles soit en meubles, soit en immeubles ; et la femme ne saurait voir d'un mauvais œil les dons de cette nature, car les donataires sont ses enfants comme ceux du mari.

Le chef de la communauté n'a le droit de donner que des objets mobiliers, mais ces objets ont souvent une grande valeur ; et si on lui conteste son pouvoir d'aliéner à titre onéreux, les critiques sont bien plus vives encore, lorsqu'on arrive aux aliénations à titre gratuit. Le mari, observe-t-on avec raison, peut prendre les bijoux de sa femme, les objets auxquels celle-ci attache un prix d'affection, les vendre ou qui pis est les donner à une maîtresse ; le texte est formel, et la femme ne peut disposer de rien [1] !

M. Mourlon lui-même, l'excellent jurisconsulte classique que la science vient de perdre, trouve mauvais ce pouvoir du mari. « Il eût été bien plus sage, dit-il, de permettre les donations *modiques*, mobilières ou immobilières, et de prohiber les donations *exagérées*, mobilières ou immobilières, comme on l'a fait à l'égard d'un donateur de biens à venir » (art. 1083).

Dans ce passage, M. Mourlon combat la distinction entre les meubles et les immeubles au point de vue qui nous occupe, mais il critique également les donations exagérées quelle qu'en soit la nature, et il voudrait que des dons modiques fussent seuls permis au mari.

Si une libéralité est faite en violation de la loi

1. Legouvé, *loc. cit.*

sera-t-elle nulle radicalement ? Non, car elle n'en-
freint aucune formalité solennelle, aucun principe
d'ordre public ou de morale. Le but du législateur,
en établissant la prohibition, est uniquement de
protéger la femme. On conçoit donc que la donation,
nulle à l'égard de celle-ci, soit valable envers le
mari. Pour en régler les effets, on attend le partage
de la communauté et lorsqu'il survient, de deux
choses l'une : ou bien l'objet donné tombe au lot du
mari ou de ses héritiers, ou bien il tombe au lot de
la femme ou de ses héritiers. Dans le premier cas,
la donation s'exécute sans difficulté puisque l'objet
appartient définitivement au donateur ou à ses
représentants ; dans le second, l'exécution en nature
est impossible, la chose donnée est tombée au lot
de la femme ou de ses héritiers et doit y demeurer ;
mais on remettra au donataire la valeur estimative
de l'objet donné. Disons, toutefois, que plusieurs
auteurs annulent complétement la donation, quand
l'objet donné passe soit à la femme, soit à ceux qui
la représentent.

Voilà pour les donations entre vifs ; quant aux
donations testamentaires, les pouvoirs du mari sont
à peu près les mêmes. D'abord il peut léguer soit
sa moitié dans la communauté, soit une quote part
de cette moitié, et alors le legs ne saurait nuire à la
femme, puisqu'il ne s'exécute que sur les biens
dévolus aux héritiers du testateur. Mais il est possible que le mari lègue un objet spécial et indivi-
duel à prendre dans le fonds commun. Il faut distinguer, comme dans le cas de la donation entre vifs,
si l'objet tombe au lot des héritiers du mari ou au

lot de la femme. Passe-t-il aux héritiers du testateur, ceux-ci le remettent au légataire ; passe-t-il à la femme , il demeure dans son lot , et « le légataire, dit la loi, a la récompense de la valeur totale de l'effet donné , sur la part des héritiers du mari dans la communauté et sur les biens personnels de ce dernier » (1423 C. N.). On n'a pas voulu que le legs fût nul dans ce dernier cas, parce que les héritiers du *de cujus* auraient mis en pratique la ruse et la fraude pour faire tomber l'objet donné au lot de la femme et créer ainsi une nullité factice.

En résumé, le mari exerce sur la communauté : 1º un droit d'administration, 2º un droit de disposition restreint à certains.égards. Possède-t-il également sur le fonds commun un droit de jouissance ? Une réponse affirmative ne serait pas tout-à-fait exacte. Ce n'est pas le mari, juridiquement parlant, c'est la communauté qui a l'usufruit des biens qui la composent (1401 2º C. N.). Mais cette règle touche de bien près à une fiction : car l'époux étant le maître de la communauté en perçoit les revenus, au nom de celle-ci, je le veux, mais enfin il peut les consacrer à ses plaisirs, à ses caprices, à des dépenses inconsidérées. La femme n'a pas le droit de lui dire : Vous avez recueilli tant de revenus par année ; les frais de la maison ne dépassaient pas telle somme : qu'avez-vous fait du surplus ? Le mari répondra : Je l'ai dissipé et j'en avais le droit.

On voit que dans ces conditions, s'il n'a pas l'usufruit des biens communs, il recueille à peu près tous les avantages de la jouissance. Il faut cependant ne pas l'oublier : il n'est pas permis au mari de disposer absolument à titre gratuit des meubles de la communauté, ni par conséquent de ses revenus qui sont des effets mobiliers.

II. *Biens personnels de la femme.* — Tous les biens des époux n'entrent pas dans la communauté légale ; les immeubles en sont généralement écartés, et il arrive assez fréquemment que des meubles subissent la même exclusion. Ainsi, les effets mobiliers donnés à l'épouse sous la condition expresse qu'ils n'entreront pas en communauté constituent le patrimoine *propre* ou *personnel* de la donataire. Il en est de même dans quelques autres cas. Tous les biens, soit immobiliers, soit mobiliers, qui demeurent la propriété exclusive de la femme, forment, je le répète, ses *biens propres* ou plus brièvement ses *propres*. Elle les recouvre intégralement quand vient la liquidation de la communauté. De ce droit de propriété conservé à la femme découle immédiatement une conséquence importante : la disposition des propres appartient à celle qui en est propriétaire et ne passe pas au mari. « Il ne peut, dit la loi, aliéner les immeubles personnels de sa femme sans son consentement » (1428 C. N.). Le principe est mal formulé ; il est évident que le mari ne peut aliéner seul les biens de sa femme, car on ne transfère pas un droit que l'on n'a pas : *nemo dat quod non habet.* Il vaudrait mieux renverser la proposition et s'exprimer ainsi : la femme ne peut aliéner ses propres sans le consentement de son mari. Nous connaissons, en effet, cette règle essentielle de la puissance maritale, règle qui s'applique à tous les régimes matrimoniaux et à laquelle les parties n'ont pas le droit de déroger dans le contrat qui établit leurs conventions pécuniaires.

Mais la loi ne parle que des immeubles ; quelques auteurs argumentent de ce texte pour affirmer que le mari peut aliéner seul les meubles propres de la femme. L'art. 1428, disent-ils, défend seulement l'aliénation des immeubles; il admet donc implicitement celle des effets mobiliers. La plupart des interprètes et la pratique, en général, rejettent cette doctrine. En effet, si la loi n'interdit pas formellement l'aliénation des meubles, c'est qu'il y a des distinctions à faire. Nous verrons tout à l'heure que le mari est administrateur des propres de sa femme; or, en cette qualité, il lui est permis de vendre certains meubles, par exemple, ceux qui sont susceptibles de dépérir. Il vendra les fruits, les denrées, parce que la vente de ces choses est la condition d'une administration diligente.

Aux termes de l'art. 818 du Code Napoléon, le mari ne peut même pas provoquer le partage des successions mobilières échues à la femme, il ne lui est permis de demander qu'un partage de jouissance ; cependant, une action en partage est bien moins grave qu'une aliénation ; s'il ne peut le moins, comment pourrait-il le plus ? Cela est impossible. Disons donc qu'en thèse générale, le mari n'a pas le droit d'aliéner les meubles propres de sa femme.

De ces principes, il résulte que l'époux n'a pas le droit de disposition sur les biens personnels de l'épouse; mais il a celui d'en percevoir les fruits. L'usufruit de ces biens ne lui appartient pas, il est vrai, car il est de règle que la communauté est usufruitière des propres ; il ne recueille pas les fruits en son nom personnel, mais pour le compte de la

communauté. Tous les revenus, en effet, tant ceux
des biens propres que ceux du patrimoine commun,
doivent être employés à subvenir aux charges du
mariage.

On peut faire sur l'usufruit des propres l'observation déjà présentée sur la jouissance des valeurs communes. Si aux termes de la loi, le mari n'est pas un
véritable usufruitier, il confond tellement dans sa
personne les droits de la communauté et ses droits
personnels qu'il recueille à peu près tous les avantages de la jouissance. Cela est si vrai qu'il supporte
même en général les obligations d'un usufruitier. Si,
par exemple, un voisin anticipe sur le fonds de la
femme, il doit prévenir celle-ci, afin qu'elle assure la
conservation de son bien (614 C. N.). S'il ne le fait pas,
il est responsable de sa négligence.

Comme usufruitier, le mari doit faire les réparations d'entretiens, c'est-à-dire celles qui d'ordinaire
sont peu élevées et se prennent sur les revenus.
Toutefois, il est certain qu'ici la communauté qui a la
jouissance des propres doit le montant des sommes
employées à ces réparations; ces dépenses ne doivent pas rester à la charge personnelle du mari.

On voit que le droit du mari sur les propres de sa
femme, en ce qui touche les fruits, est assez difficile à
bien définir. Ne pourrait-on pas formuler ainsi la
théorie : C'est la communauté qui a le droit d'usufruit; c'est elle qui doit recevoir tous les revenus, et
comme elle est inerte et ne peut agir par elle-même,
c'est le mari, son chef, qui fait les actes en son nom.
Mais, si dans ces actes se glissent des fraudes, il en
sera personnellement responsable, car il retire de

l'usufruit assez d'avantages pour qu'il réponde de ses fautes, lorsqu'il en commet dans l'exercice de ce droit (arg. d'analogie tiré de l'art. 1424 C. N.).

On ne peut jouir d'un patrimoine qu'à la condition de l'administrer ; aussi le mari administre-t-il les propres de la femme. Ici ses droits et ses devoirs dépassent ceux d'un usufruitier ; sa gestion n'est pas seulement établie dans l'intérêt de la communauté usufruitière, mais encore dans l'intérêt de celle à qui appartient la propriété. Et voici une conséquence de cette idée : comme usufruitier, le mari doit faire les réparations d'entretien ; comme administrateur, il doit même reconstruire les gros murs des édifices, rétablir les poutres, relever les couvertures entièrement tombées ou dégradées ; en un mot, faire toutes les dépenses qui se prennent d'ordinaire sur les capitaux et qu'on appelle *grosses réparations*. Il est bien entendu que ces dépenses ne sont à la charge ni de la communauté, ni du mari, et que la femme en doit le remboursement.

Comme administrateur, le mari a l'exercice des actions mobilières (1428 C. N.). Un meuble compris dans les propres de la femme est perdu ou volé : la loi donne une action en revendication pour contraindre celui qui détient l'objet à le remettre (2279 C. N.). L'époux a le droit et le devoir d'intenter cette action.

Quant aux actions immobilières, il faut distinguer entre les actions possessoires et les actions pétitoires.

Voici des exemples de ces deux sortes d'actions : un immeuble fait partie depuis plus d'un an des biens de la femme et pendant cet intervalle, celle-ci a pratiqué sur ce fonds tous les actes qui accom-

pagnent une propriété légitime ; elle a ainsi possédé
légalement l'héritage et, en supposant qu'elle ne soit
pas propriétaire, elle a acquis au moins un *droit de
possession*.

Un tiers vient et s'empare du fonds, se prétendant lui-même propriétaire. Plaidera-t-on immédiatement sur la propriété ? Non, certes ; le premier litige
s'élèvera sur le droit de possession, c'est-à-dire sur
le point de savoir quel est celui qui a possédé le
dernier pendant un an ; et le plaideur qui sera
déclaré possesseur n'aura aucune preuve à faire sur
la question de propriété ; en effet, les parties vien-
dront devant le tribunal civil et là le possesseur dira
à son adversaire : Je possède l'immeuble ; or, ma
possession est une présomption de propriété. Vous
dites être vous-même propriétaire, exhibez vos titres
et justifiez vos prétentions. Et si l'adversaire, bien
que propriétaire véritable, est dans l'impuissance de
faire cette preuve, il perdra son procès. Le possesseur conservera l'immeuble qu'il a cependant
usurpé. On voit donc qu'il y a un avantage incontestable à se faire déclarer possesseur, et un vif débat
s'engagera sur la question de possession. Or l'action
qui n'a pour objet que la possession de la chose
prend le nom d'action possessoire, et dans l'espèce
c'est le mari qui l'exercera au nom de sa femme
contre celui qui détient l'immeuble.

Ne changeons pas l'exemple : le mari a obtenu
gain de cause au possessoire ; le fonds lui a été
restitué, mais le tiers qui ne se tient pas pour battu
attaque à son tour le mari sur la question de propriété affirmant qu'il est personnellement proprié-

taire; or, l'action qu'il intente est une action pétitoire.
Le mari peut-il défendre seul cette à action ? Non,
car sous le régime de communauté il n'a pas l'exercice des actions pétitoires, il faudra que la femme
soit mise en cause et, munie de l'autorisation requise,
elle plaidera en personne (1428 C. N.).

Ainsi le mari exerce les actions mobilières et possessoires qui appartiennent à sa femme, mais non les
actions pétitoires. Il doit faire de même tous les
actes qui ont pour objet la conservation des biens ;
il interrompra les prescriptions, pourvu, bien entendu, qu'elles ne s'appliquent pas à des actions
pétitoires. Dans ce dernier cas, son devoir est seulement d'avertir la femme que son immeuble est possédé par un tiers et qu'une prescription va s'accomplir.

Il a encore une attribution importante en ce qui
concerne les baux ; il peut louer ou affermer les biens
personnels de l'épouse pour un temps qui ne doit
pas excéder neuf années. Il a même le droit de
renouveler le bail trois ans avant son expiration
pour les biens ruraux, deux ans pour les maisons
(1429 et 1430 C. N.).

Supposons qu'il ait méconnu ces deux règles. Il a
donné à bail un domaine pour une période de plus
de 9 ans, par exemple pour 20 ans. Tant que durera
la communauté, l'acte sera exécuté fidèlement, mais
elle se dissout : qu'advient-il? Le bail, toujours
obligatoire pour le preneur, n'est valable à l'égard
de la femme que pour la période de 9 ans dans
laquelle on se trouve. La dissolution arrive-t-elle la
quinzième année, la première période de neuf ans

étant écoulée et la seconde n'ayant plus que trois ans
à courir, le bail devra être maintenu pendant trois ans.

Il est possible également que le mari ait renouvelé
le bail plus de trois ans ou de deux ans avant l'expiration ; le renouvellement est nul, dit la loi, à moins
qu'il n'y ait un *commencement d'exécution.* Si le nouveau bail a commencé de courir, il y a ce que la
loi appelle un commencement d'exécution et la
femme ne devra pas inquiéter le fermier ou le loca-
taire.

§ II. — Communauté conventionnelle.

Les personnes qui se marient ne sont pas tenues
d'accepter la communauté légale ; elles peuvent en
modifier les règles suivant leurs désirs, la situation
de leurs intérêts, et ne doivent s'arrêter que là où
leurs conventions seraient une atteinte à l'ordre
public, à la morale, aux lois sur les successions, à la
puissance paternelle, et particulièrement à la puissance maritale. Mais, quelles que soient ces modifications, les principes fondamentaux qui constituent le
pouvoir du mari ne sont point altérés : en effet, les
clauses modificatives étendent ou diminuent soit
l'actif, soit le passif de la communauté ; souvent
même elles ne se réfèrent qu'au partage final des
biens communs ; mais elles laissent subsister presque
toujours : 1° le patrimoine de la communauté ; 2° le
patrimoine propre de la femme ; et que ces deux
patrimoines soient plus ou moins considérables, qu'ils
contiennent plus ou moins de meubles ou d'immeu-

bles, cela ne change rien aux règles précédemment exposées. Si la communauté ne comprend aucun immeuble, le pouvoir marital ne s'appliquera qu'à des effets mobiliers et réciproquement; mais les principes qui réglementent ce pouvoir sont constamment les mêmes, frappant tous les biens qui tombent dans la sphère de leur application.

Sans doute, une stipulation du contrat de mariage peut supprimer toute communauté, mais alors on tombe dans l'un des régimes qui nous restent à parcourir. Une clause peut encore établir une communauté universelle qui absorbera tous les biens de la femme : comment s'exercera alors le pouvoir marital? La réponse est bien simple : On appliquera toutes les règles que nous connaissons sur les biens de la communauté ; quant aux droits du mari sur les propres de la femme, on n'aura pas à s'en occuper, puisque dans l'espèce il n'y aura pas de biens propres.

CHAPITRE II.

DES POUVOIRS DU MARI SOUS LE RÉGIME SANS COMMUNAUTÉ.

La communauté n'est pas pour les époux une règle inflexible et obligatoire ; ils peuvent la modifier, c'est le principe qui vient d'être établi avec les restrictions qu'il comporte. Leur liberté va plus loin : il leur est permis de rejeter complétement le régime de communauté ; alors chacun d'eux conserve son patrimoine tant mobilier qu'immobilier ; les dettes restent divisées, il en est de même des créances ; en un mot, il n'y a plus de société de biens ni activement ni passivement.

Cependant, le mariage existe avec les charges nombreuses qu'il produit ; il faut pourvoir à la subsistance de la famille, à l'entretien et à l'éducation des enfants. Il ne serait pas juste que le mari, comme chef de l'union conjugale, supportât seul toutes ces dépenses ; aussi lui donne-t-on sur les biens de la femme deux droits : 1° un droit d'administration ; 2° un droit de jouissance (1530 C. N.).

Ainsi, sous le régime sans communauté, comme sous tous ceux que nous avons étudiés, le mari administre la fortune de la femme ; et la pratique de ce premier droit n'est qu'un moyen de faciliter l'exercice du second, c'est-à-dire celui de percevoir les fruits. Tel est, en effet, le but principal de la loi ; on veut

13

que le mari recueille les revenus de la femme pour soutenir les charges du mariage.

Mais il se peut que la femme possède autre chose que des biens; d'abord, elle a son travail, son industrie, la plus noble des richesses, comme dit très-bien M. Mourlon. C'est peut-être une ouvrière qui travaille dans un atelier, et qui achète chaque jour par de longues heures d'assiduité et de fatigue un modeste salaire. Ces bénéfices doivent être consacrés, comme les revenus des biens, aux besoins de la famille, et pour cela, il faut qu'ils soient versés entre les mains du mari, chargé de subvenir à ces besoins. Aux yeux de la loi, le travail de l'épouse est un capital, et le salaire de son travail un revenu périodique, par conséquent un fruit.

Quelques femmes possèdent même des talents distingués : on rencontre des femmes artistes, des femmes peintres, des femmes auteurs. Faut-il décider que leurs tableaux ou leurs ouvrages sont la propriété du mari? On ne voit pas là un revenu périodique, par conséquent un fruit dans le sens légal. Les tableaux ou les ouvrages appartiendront à celle qui les a créés; le mari n'en aura que l'usufruit. Ainsi, un ouvrage est vendu 10,000 fr. à un éditeur; ces 10,000 fr. forment un capital qui sera versé entre les mains du mari pour qu'il puisse en jouir, mais qui sera plus tard restitué à la femme.

Le mari, en sa qualité d'usufruitier, est soumis à toutes les charges de l'usufruit. Il fera les réparations d'entretien, acquittera les impôts annuels, payera les pensions alimentaires (1533 C. N.).

D'ailleurs, les parties peuvent convenir que la

femme touchera annuellement, sur ses seules quit-
tances, certaines portions de ses revenus pour son
entretien et ses besoins personnels (1534 C. N.). Cette
règle n'est pas spéciale au régime sans communauté ;
elle s'applique à tous, et dans la pratique elle est
très-usitée.

Sous le régime que nous examinons, le mari n'a
pas le droit d'aliéner les biens de la femme ; celle-ci
en conserve la propriété et peut seule en disposer avec
les autorisations requises (1535) ; mais il est certains
biens, tels que les choses fongibles et les corps certains estimés dont le mari devient propriétaire, et
qu'il peut employer comme il l'entend, à la charge
de rendre le prix de l'estimation, lorsque le mariage
se dissout ou que les époux se font séparer de corps
ou de biens (1532 C. N.).

CHAPITRE III.

DES POUVOIRS DU MARI SOUS LE RÉGIME DE LA SÉPARATION DE BIENS.

La séparation de biens est la négation complète et absolue de la communauté ; dans cette voie d'exclusion, elle s'étend plus loin encore que le régime précédent. Ici, le mari n'a plus sur les biens de la femme ni droit d'administration, ni droit de jouissance ; le mariage est toujours une société de personnes, mais il n'est plus à aucun point de vue une société de biens. Comme ce régime est stipulé dans le contrat de mariage, on l'appelle *séparation de biens contractuelle*, par opposition à la *séparation de biens judiciaire*, qui est demandée en justice dans le cours de l'union matrimoniale.

Sous le régime de la séparation de biens, le mari n'a-t-il absolument aucun droit sur les biens de la femme ? La réponse n'est pas tout-à-fait négative, mais peu s'en faut : le pouvoir de l'époux se réduit à autoriser les aliénations d'immeubles soit à titre onéreux, soit à titre gratuit, et les aliénations de meubles à titre gratuit seulement. Encore, s'il refuse son consentement et que ce refus soit injuste, l'épouse peut s'adresser aux tribunaux et, habilitée par la justice, elle pourra vendre ses immeubles, faire des donations soit mobilières, soit immobilières, en dépit de la volonté maritale (1538 C. N.). A part ces deux restrictions relatives l'une aux meubles, l'autre aux immeubles, la femme conserve sur ses biens presque tous les droits qu'elle avait avant son mariage.

Elle exerce tous les pouvoirs d'une très-large administration ; elle peut louer ses immeubles pour une période de neuf ans, ou, si elle le préfère, en diriger elle-même l'exploitation ; elle peut les réparer, les améliorer, les transformer, les embellir, démolir les édifices, construire des jardins de luxe ou des maisons d'agrément ; il lui est même permis de vendre ses meubles, et de faire, en un mot, tout ce qui ne rentre pas dans les prohibitions signalées ci-dessus.

Elle a la jouissance libre de sa fortune ; elle touche ses revenus qu'elle peut employer selon ses désirs, même à satisfaire ses goûts et ses caprices. Toutefois, on doit placer ici une restriction grave qui caractérise le régime de la séparation de biens. L'épouse doit contribuer aux charges du mariage, suivant les clauses de son contrat, et à défaut de conventions à cet égard, *jusqu'à concurrence du tiers de ses revenus* (1537 C. N.). Il serait injuste, il serait même immoral que sous un régime quelconque l'un des époux fût dispensé de subvenir aux besoins de la famille.

En résumé, sous ce régime, le mari n'a qu'un pouvoir d'autorisation, limité à certaines hypothèses ; à ce point de vue, la femme demeure frappée d'incapacité, mais à beaucoup d'autres elle conserve ses droits : elle administre sa fortune, elle en jouit, elle aliène même ses meubles à titre onéreux sans autorisation ; c'est donc certainement sous la séparation de biens qu'elle acquiert la plus grande liberté et que la puissance maritale reçoit la plus énergique atteinte.

CHAPITRE IV.

DES POUVOIRS DU MARI SOUS LE RÉGIME DOTAL.

Le régime dotal nous vient des Romains. Je l'ai étudié dans la législation de ce peuple, avec certains développements qu'il est inutile de reproduire ici. J'ai montré comment le mari exerçait à l'origine un droit absolu de propriété sur la dot, et pouvait en disposer à son gré sans être tenu de la restituer ; comment sous le règne d'Auguste la loi Julia déclara la dot inaliénable sans le consentement de la femme, et insusceptible d'hypothèque, même avec ce consentement ; comment, enfin, l'empereur Justinien, accordant une protection nouvelle aux intérêts de l'épouse et voulant assurer l'avenir des enfants, décida que le fonds dotal ne pourrait être ni aliéné, ni hypothéqué du consentement mutuel des deux conjoints, et constitua ainsi définitivement le régime dotal.

J'ai dit également que dans notre ancien droit les régimes d'origine coutumière occupaient surtout le Nord de la France, tandis que le régime d'origine romaine était généralement suivi dans le Midi. Cet état de choses n'avait point disparu en 1804, lorsque fut rédigé le Code civil.

Devait-on à cette époque profiter de l'occasion pour établir dans tout le pays une législation uniforme et proscrire les règles que les Romains nous avaient léguées sur la société conjugale ? C'était l'opinion de plusieurs législateurs, surtout des membres du Tribunat ; ils ne voulaient pas d'un régime qui enlevait aux ventes et aux échanges un nombre de biens considérable et tarissait ainsi l'une des sources principales de la prospérité publique.

Dans les débats qui éclatèrent alors, le régime dotal fut près de succomber. Le projet de loi le maintenait dans la forme, mais, en réalité, il le supprimait ; en effet, il permettait aux parties de le stipuler dans leur contrat de mariage, mais sous la condition expresse que la dot serait toujours aliénable. On faisait disparaître le principe de l'inaliénabilité ; or, comme ce principe constitue la base du régime dotal, le rejeter, c'était renverser le régime lui-même. Les pays du Midi le comprirent, et de toutes parts des récriminations s'élevèrent ; on modifia donc le projet : on maintint le régime dotal, même le principe de l'inaliénabilité, mais on y fit brèche en proclamant que les conjoints pourraient, par une clause de leur contrat, rendre la dot aliénable.

C'est avec ces atteintes que le régime dotal est passé dans nos lois modernes. Le principe de l'inaliénabilité et conséquemment de l'imprescriptibilité du fonds dotal apparaît encore comme le fondement de l'institution ; mais il est permis aux époux d'y déroger en stipulant que leur dot sera aliénable et prescriptible, tandis que cette clause était prohibée chez les Romains. Ajoutons que les paraphernaux ne sont pas non plus régis de nos jours comme ils l'étaient à Rome. Dans le droit romain, l'épouse aliénait ses paraphernaux comme elle l'entendait, sans consulter son mari ; aujourd'hui, elle doit requérir, du moins le plus souvent, l'autorisation maritale. Autre différence

essentielle : A Rome, les parties devaient s'en tenir au
régime dotal et n'avaient point le droit de le modifier;
dans notre droit, les époux peuvent mêler aux principes du régime dotal toutes les règles que nous avons
étudiées sur les régimes de communauté ou exclusifs
de communauté. La loi prévoit même le cas particulier où ceux qui adoptent ce régime y joignent une
société d'acquêts, afin de mettre en commun leurs
économies respectives. Demandons-nous quels sont
les pouvoirs du mari : 1° sur la dot; 2° sur les paraphernaux ; 3° dans la société d'acquêts.

§ Ier. — Pouvoirs du mari sur la dot.

La dot existe sous tous les régimes matrimoniaux,
mais dans celui que nous considérons, elle est l'objet
d'une protection spéciale, et c'est ce qui a valu à ce
régime le nom de *régime dotal*. Les biens dotaux sont
apportés au mari pour l'aider à soutenir les charges
du mariage, *ad sustinenda matrimonii onera* ; il n'est
pas comme à Rome *dominus dotis*, maître de la dot,
dans le sens particulier que les Romains attachaient à
ce mot. La femme demeure propriétaire de sa dot,
qui doit lui être restituée quand arrive soit la dissolution du mariage, soit la séparation de corps ou de
biens.

Le mari ne peut donc pas aliéner la dot, puisqu'il
n'en est pas propriétaire : *Nemo dat quod non habet.*
L'épouse ne le peut pas davantage, puisqu'elle est incapable; mais le peut-elle avec les autorisations qui
lèvent d'ordinaire son incapacité? Non, évidemment,

puisque la dot est inaliénable. Le principe de l'inaliénabilité produit donc seulement son effet, lorsque la
femme veut consentir une aliénation avec le consentement de son mari ou l'approbation de la justice.

Nous avons vu bien des fois ce que c'est qu'une aliénation et il est inutile d'y revenir longuement. Une
vente, une donation, un échange, une constitution
hypothécaire, une création de servitude sont des aliénations ; il en est de même de tous actes par lesquels
un propriétaire se dépouille de sa chose.

Pour les immeubles, pas de difficulté : ils sont inaliénables. La loi le déclare expressément dans l'article 1554 du Code Napoléon et dans plusieurs autres
textes. Mais faut-il en dire autant des meubles dotaux ?
Cette question est l'une des plus controversées du
droit. La Cour de cassation, et à sa suite les Cours im-
périales déclarent la dot mobilière inaliénable ; mais
tous les auteurs paraissent d'accord pour repousser
cette jurisprudence.

Le régime dotal français fut calqué, pour ainsi dire,
sur celui des Romains ; or, on sait qu'à Rome la dot
mobilière était aliénable (*Voir* ci-dessus, p. 62 et
suiv.). Quelques difficultés se sont élevées sur ce point,
mais cette opinion semble aujourd'hui bien établie.
Ne doit-on pas présumer que si les rédacteurs du
Code avaient voulu déroger au droit romain, ils l'auraient fait par un texte formel ? Or, ce texte n'existe
pas.

Dans notre ancien droit, la règle variait suivant le
ressort des parlements. A Bordeaux, la dot mobilière
était frappée d'inaliénabilité ; mais à Toulouse, à
Montpellier, elle pouvait être aliénée ; en Béarn, les

meubles dotaux pouvaient également être aliénés avec le consentement de la femme. Ainsi, dans notre ancien droit, il n'y avait pas unanimité sur l'aliénabilité ou l'inaliénabilité de la dot mobilière, et l'on ne saurait y puiser un argument sérieux pour appuyer telle ou telle solution.

C'est donc dans le Code uniquement qu'il faut chercher des éléments de décision. Or, il est impossible de lire attentivement les textes sans acquérir la conviction que la dot mobilière est aliénable. Le principe de l'inaliénabilité est posé au chapitre *du régime dotal*, section II, art. 1554. La rubrique de la section est très-remarquable ; elle est ainsi conçue : *Des droits du mari sur les* BIENS DOTAUX, *et de l'inaliénabilité du* FONDS DOTAL. Lorsqu'on envisage les droits du mari, on parle de *biens dotaux*, parce qu'en effet, les pouvoirs du mari atteignent la dot en général, aussi bien les meubles que les immeubles ; mais dès que l'on considère l'inaliénabilité, on parle de *fonds dotal*, parce que ces mots, traduits du latin : *fundus dotalis*, ne désignent que les immeubles (*Voir* ci-dessus, p. 63), et que la pensée du législateur est de n'appliquer l'inaliénabilité qu'aux biens immobiliers.

Cette pensée, il la formule en termes exprès dans l'art. 1554 : « Les *immeubles* constitués en dot ne peuvent être aliénés ou hypothéqués pendant le mariage... » En présence de ce texte, j'ai peine à concevoir une difficulté sur la question qui nous occupe ; voilà l'article fondamental de la matière ; cet article ne s'applique qu'aux immeubles ; il est formel, et l'on soutient que l'inaliénabilité n'atteint pas uniquement les biens immobiliers ! S'il en est ainsi, il faut admettre que le rédacteur de l'article a été bien mal inspiré. Comment! son but est d'embrasser tous les biens, tant mobiliers qu'immobiliers, dans une seule et même règle, et il commence sa phrase par ces mots : *« Les immeubles constitués en dot! »*... L'expression, je le répète, est déplorable, tandis qu'il lui était si facile de dire : *Les biens dotaux, les biens constitués en dot*, et qu'ainsi il coupait court à toute controverse.

On objectera peut-être que le rédacteur avait en vue l'aliénation et l'*hypothèque*, et qu'il ne pouvait pas employer un terme générique, puisque l'hypothèque ne s'applique pas aux meubles. Mais alors, comment, après avoir réglé le sort des immeubles, a-t-on oublié celui des effets mobiliers ? Comment, lorsqu'on se prononce sur les uns, garde-t-on sur les autres un silence absolu ? N'y a-t-il pas là une étrange inadvertance ?

Un oubli de ce genre n'est pas admissible dans les articles de nos lois si mûrement et si savamment élaborées. Si le législateur ne parle que des immeubles, c'est que dans sa pensée, l'inaliénabilité ne doit frapper que les immeubles.

Mais, dit-on, dans les articles qui suivent immédiatement l'art. 1554, la loi ne distingue pas : elle met sur la même ligne les meubles et les immeubles, puisqu'elle s'occupe des *biens dotaux* sans aucune espèce de restriction. Voilà le grand argument de la jurisprudence : c'est, en effet, dans les art. 1555 et 1556 que l'on croit rencontrer l'inaliénabilité de la dot mobilière. Que disent ces articles ? La loi, qui vient de déclarer la dot immobilière inaliénable,

établit à cette règle deux exceptions : 1° lorsque la
femme veut donner ses biens dotaux pour l'établissement des enfants qu'elle aurait d'un précédent
mariage ; 2° lorsqu'elle veut les donner pour l'établissement des enfants communs. Dans ces deux
hypothèses la loi permet l'aliénation. Voilà, je le
répète, deux exceptions au principe de l'art. 1554 ;
mais si dans cet article la loi ne parle que des
immeubles, n'est-il pas naturel de penser, n'est-il
pas évident que dans les articles exceptionnels, les
mots *biens dotaux* n'ont pas un sens plus large et ne
se réfèrent qu'aux immeubles ? Depuis quand les
exceptions ont-elles plus d'étendue que le principe
général auquel elles dérogent ? La règle serait
restreinte aux immeubles, et les exceptions embras-
seraient même les meubles dotaux ! « Une telle loi,
dit avec raison M. Mourlon, ne serait pas seulement
absurde, elle serait inique, car elle tendrait un piége
à la bonne foi des tiers qui, moins savants que la
Cour de cassation, ne sauraient pas deviner les
mystères de la loi. »

La dot mobilière est donc aliénable et voici immédiatement les conséquences de cette théorie : 1° La
femme a vendu certains meubles dotaux avec l'autorisation de son mari ; elle sera tenue d'en opérer la
tradition, car ces meubles pouvaient être aliénés et
la vente est régulière ; 2° une créance dotale a été
cédée avec l'observation des mêmes formalités ; la
femme n'aura contre le cessionnaire aucune action en
revendication, car la cession est valable ; 3° la femme
a contracté un emprunt de 10,000 fr. par exemple
avec l'autorisation maritale ; le créancier pourra

saisir les meubles dotaux et les faire vendre pour
recouvrer ses 10,000 fr. ; 4º la femme a une hypothèque légale sur tous les biens de son mari pour la
garantie de ses droits et reprises ; cette hypothèque
nuit souvent au crédit de l'époux, car les tiers hési-
tent à lui prêter leurs capitaux dans la prévision
qu'ils seront un jour primés par l'hypothèque légale
de la femme ; mais cette dernière peut renoncer à son
hypothèque au profit des bailleurs de fonds et
augmenter ainsi le crédit de son mari. Cette renonciation est prohibée en ce qui touche la dot immobilière, car cette dot est inaliénable et l'épouse qui y
renoncerait l'aliénerait indirectement. Au contraire,
si l'on déclare aliénable la dot mobilière, la femme
peut l'aliéner indirectement en renonçant à son
hypothèque, comme elle le pourrait faire directement.

Donc, en résumé, les immeubles dotaux sont
inaliénables, et si les époux les transmettent à
des tiers, l'aliénation sera entachée d'un vice dont
l'art. 1560 C. N. détermine les effets. Au contraire,
les meubles dotaux sont aliénables et l'aliénation
qui en est faite est parfaitement valable. Ajoutons
que la prescription est un cas particulier d'aliénation (*Voir* p. 67) ; par conséquent, en thèse générale,
la dot immobilière étant inaliénable sera en même
temps imprescriptible (1561) ; quant à la dot mobilière, elle sera susceptible à la fois d'aliénation et de
prescription.

Voilà pour le droit de disposition dévolu aux époux
sous le régime dotal ; il suit les vicissitudes de l'aliénabilité et de l'inaliénabilité des biens dotaux ; dans
un cas il existe, dans l'autre il disparaît. Mais il ne

faut pas croire que les règles ci-dessus établies s'appliquent toujours d'une manière absolue ; nous avons déjà constaté des exceptions au principe de l'inaliénabilité, lorsque la dot a été stipulée aliénable dans le contrat de mariage, lorsque l'épouse veut donner ses immeubles dotaux pour l'établissement des enfants communs, ou de ceux qu'elle aurait eus d'un précédent mariage. L'art. 1558 énumère d'autres dérogations auxquelles on peut se reporter.

Il est certains biens que la femme apporte en dot à son mari, mais qui tombent dans le patrimoine de ce dernier, qui deviennent sa propriété, à la charge par lui de restituer soit le prix des objets, soit des choses semblables. Ainsi, des meubles sont apportés en dot avec estimation ; il est de principe chez nous comme à Rome que l'estimation vaut vente (1551 C. N.) ; donc la propriété de ces objets sera transférée au mari. Il en sera de même des immeubles constitués en dot sur estimation, mais dans le cas seulement où les parties seront convenues que l'estimation vaudra vente (1552 C. N.). Dans ces deux hypothèses et dans quelques autres, les biens dotaux cessent en réalité d'avoir ce caractère ; ils appartiennent au mari qui peut les vendre, les donner, les détruire, en disposer comme bon lui semble.

Sous le régime dotal, le mari exerce deux droits importants et bien définis sur les biens dotaux : 1° un droit d'administration ; 2° un droit de jouissance (1549 C. N.).

1° « Le mari seul, dit la loi, a l'administration des biens dotaux pendant le mariage. » Ainsi, c'est le mari qui passe les baux, sous les restrictions indi-

quées ci-dessus p. 69 ; c'est lui qui fait les réparations, mais il faut distinguer entre les réparations
d'entretien et les grosses réparations. Les premières
sont charges des fruits, et comme il perçoit les fruits,
il les supporte définitivement ; les secondes, au contraire, sont charges des capitaux, et pour ces dernières, indemnité lui est due.

C'est encore le mari qui exerce les actions soit
mobilières, soit immobilières; soit possessoires, soit pétitoires qui ont pour objet la conservation ou le recou-
vrement de la dot. Une créance a été constituée en dot :
il poursuit le débiteur; un immeuble dotal est usurpé :
il actionne l'usurpateur et lui fait restituer le fonds.

Remarquons qu'ici le mari exerce même les actions
pétitoires, tandis que, sous le régime de la communauté, ces actions ne lui appartiennent pas sur les
propres de la femme. Cette différence s'explique his-
toriquement : en droit romain, nous le savons, le
mari était *dominus dotis*, propriétaire de la dot, et il
exerçait les actions pétitoires, attribut naturel de la
propriété. Aujourd'hui, il n'est plus propriétaire des
biens dotaux ; logiquement donc on eût dû lui enlever les actions pétitoires, mais on lui en a maintenu
l'exercice pour ne pas déroger aux antiques traditions.

2° Le mari a la jouissance des biens dotaux, car la
dot est remise au mari *ad sustinenda matrimonii onera*.
Il doit employer les fruits qu'il recueille aux besoins
du ménage et de la famille, mais on doit observer
une différence entre le régime de communauté et le
régime dotal : dans le premier, le mari jouit des propres de la femme pour le compte de la communauté,

les fruits qu'il perçoit tombent dans le fonds commun ; dans le second, il jouit de la dot en son nom
propre, les revenus qu'il en retire sont sa propriété
exclusive, il peut même avec ces revenus acheter
des immeubles sur lesquels la femme n'a rien à pré-
tendre.

§ II. — Pouvoirs du mari sur les paraphernaux.

Nous savons dans quelle condition sont les biens
de la femme sous le régime de la séparation de biens;
or la condition des paraphernaux est identiquement
la même (*Voir* les explications données ci-dessus
p. 196 et suiv., ainsi que les art. 1574 et suiv. du
C. N.).

§ III. — Pouvoirs du mari lorsque les époux ont stipulé une société d'acquêts.

A certains égards, le régime dotal offre des avantages que ne présente pas le régime de communauté ;
il assure la conservation de la dot, non pas comme
à Rome dans un intérêt public, pour faciliter aux
veuves les seconds mariages et accroître ainsi la population légitime, mais dans l'intérêt des enfants et
en vue de leur avenir. A d'autres égards, le régime
dotal présente des inconvénients ; les revenus de la
dot appartiennent au mari, et la femme n'en profite
qu'indirectement ; il n'y a pas de collaboration entre
les époux, et par conséquent pas d'efforts dirigés dans
un but commun d'économie.

Afin de stimuler chez la femme le travail et l'épargne, on peut allier au régime dotal une société d'acquêts qui comprendra : 1° les fruits de tous les biens des époux : biens du mari, biens dotaux et biens paraphernaux ; 2° les bénéfices provenant de l'industrie commune ; 3° les biens acquis avec les économies réalisées sur ces profits divers.

Sous ce régime particulier, les biens dotaux sont soumis aux règles que nous connaissons sur la dot ; mais les paraphernaux font naître une difficulté qui se lie intimement à la puissance maritale. On se demande si le mari aura l'administration de ces biens. En principe, sous le régime dotal, l'épouse conserve toujours l'administration de ses paraphernaux ; mais ce qui dans l'espèce soulève des doutes, c'est que l'art. 1581, relatif à la société d'acquêts, renvoie aux art. 1498 et 1499 sur la communauté d'acquêts, et que sous ce dernier régime le mari administre les propres de sa femme. Des auteurs concluent de ce renvoi que, sous le régime dotal accompagné d'une société d'acquêts, la gestion des paraphernaux doit appartenir à l'époux.

Cette opinion me semble contraire à la pensée du législateur. A quel régime les époux ont-ils déclaré se soumettre ? Au régime dotal ; il faut donc leur appliquer tous les principes de ce régime qu'ils n'ont pas expressément écartés. Or, est-il possible de voir dans la stipulation qu'ils ont faite d'une société d'acquêts une dérogation à la règle que la femme administre ses paraphernaux ? Ils se sont reportés directement à l'art. 1581, et par voie de conséquence à la communauté d'aquêts des art. 1498 et 1499 ; mais que décident ces articles ? Ils déterminent la compo-

14

sition du patrimoine commun ; ils n'ont pas trait le moins du monde au droit d'administration imparti à l'époux sur les propres de sa femme ; c'est dans les art. 1428 et 1429 que ce droit est réglementé, et, certes, les époux ne se sont soumis à ces dernières dispositions ni expressément, ni implicitement. Il faut donc, en ce qui touche la gestion des paraphernaux, décider que les parties n'ayant pas dérogé au régime dotal spécialement adopté par elles, cette gestion est restée à la femme.

L'intention des parties, en stipulant une société d'acquêts, la voici : l'époux administrera la dot, l'épouse ses paraphernaux ; seulement, chacun versera ses revenus dans une caisse commune que les deux conjoints auront intérêt à enrichir, puisqu'ils devront plus tard se la partager.

CHAPITRE V.

COMMENT LA PUISSANCE MARITALE EST CONTROLÉE ET TEMPÉRÉE.

Dans une marche rapide à travers le titre *du contrat de mariage* et *des droits respectifs des époux*, nous avons aperçu les pouvoirs du mari sous les divers régimes matrimoniaux. Ces pouvoirs ne s'effacent jamais complétement, mais ils s'affaiblissent quelquefois au point que l'œil a peine à les découvrir; c'est ce qui se produit sous le régime de la séparation de biens. Le pouvoir marital sur les biens de la femme est plus ou moins étendu, suivant les conventions matrimoniales; le contrat de mariage est la charte conjugale dominant et réglant le gouvernement de la famille. Tant que l'union n'a pas été célébrée, la fiancée est libre comme le futur époux; elle peut, sur les conseils de ses parents, de ses amis, ou même d'après ses inspirations personnelles, imposer à son fiancé les conditions qu'elle juge convenables et sauvegarder ainsi son avenir. Il est bien entendu que celui-ci a toujours le droit de repousser ces conditions, dût-il pour cela renoncer au projet de mariage.

Voilà ce qui a lieu lorsque les parties ne sont pas encore engagées; mais, une fois le mariage célébré, dans le cours de l'union, le mari se livrera peut-être à des dissipations que personne ne pouvait prévoir et contre lesquelles les précautions prises sont insuffisantes. Il est possible même qu'on ait agi avec pleine

confiance et qu'aucune précaution n'ait été prise. Les
biens de la femme seront-ils alors gaspillés, dégradés,
sa fortune entière s'évanouira-t-elle sans qu'elle
puisse arrêter ces dilapidations, sans que la loi la
protége contre une gestion absorbante et ruineuse ?
Non certes ; le législateur, prévoyant les abus qui
pouvaient s'attacher à la puissance maritale, a orga-
nisé un ensemble de mesures qui ont pour objet soit
de contrôler ce pouvoir, soit d'en tempérer les effets.
Ces mesures sont nombreuses ; les principales sont :
1º la séparation de biens judiciaire ; 2º le droit qu'a
la femme de renoncer à la communauté ; 3º le droit
qui lui appartient de ne payer les dettes de la communauté que dans la limite de son émolument ; 4º le privilége en vertu duquel elle exerce ses reprises avant
son mari ; 5º l'hypothèque légale que la loi lui confère sur les biens de ce dernier. Voilà cinq mesures
ou institutions juridiques destinées : la première à
contrôler et toutes les autres à tempérer le pouvoir
marital. Parcourons-les rapidement.

1º *Séparation de biens judiciaire.* — Le rôle de l'é-
pouse dans le mariage n'est pas, comme on pourrait le
croire, de vaquer uniquement aux soins du ménage
et de fermer les yeux sur tous les actes de son mari.
A l'un appartient l'autorité, à l'autre sont impartis le
droit et le devoir de contrôler cette autorité. Si le
chef de la société conjugale, abusant de ses pouvoirs,
vend, donne ou hypothèque le patrimoine commun
sans motif sérieux ; si dans sa gestion ou même dans
sa conduite se produisent des désordres qui mettent
en péril les droits de la femme, celle-ci doit demander
en justice une séparation de biens. Nous connaissons

les effets principaux de la séparation de biens contractuelle ; or, ceux de la séparation de biens judiciaire sont les mêmes, sauf de légères différences qui
ne tiennent pas à l'autorité maritale. La séparation
de biens, c'est presque l'anéantissement des pouvoirs
du mari sur le patrimoine de la femme ; or, cette
séparation, l'épouse peut l'obtenir même pendant le
mariage dès que sa dot est mise en péril, dès que ses
droits sont compromis (1443 C. N.). Il n'est pas nécessaire, remarquons-le, que les biens de la femme
soient déjà dissipés, il suffit que celle-ci ait lieu de
craindre pour ses droits et reprises ; autrement le
remède ne serait administré qu'après la mort du malade. Il n'y a pas à s'enquérir d'où naissent les désordres qui se manifestent dans les affaires du mari. Le
plus souvent le jeu, l'inconduite, le libertinage seront
les causes de ces désordres ; mais il est possible aussi
que l'époux soit incapable de gérer un patrimoine,
qu'un malheur l'ait frappé, qu'il ait subi des pertes
considérables ; eh ! bien, son incurie ou même ses mal-
heurs ne le mettent pas à l'abri d'une séparation. Les
droits de la femme courent des risques, il n'en faut
pas davantage pour que celle-ci puisse agir.

Une femme qui n'a rien, aucune fortune à récla-
mer, aucune reprise à exercer peut-elle demander
une séparation de biens ? Cela paraît impossible,
puisqu'il n'y a rien à séparer. Cependant, même
dans ce cas, l'épouse peut demander une séparation
de biens judiciaire, si le mari est un dissipateur ;
actuellement, il est vrai, elle ne possède aucuns
biens, mais elle peut en acquérir ; des successions
peuvent lui échoir, des donations lui être faites ;

elle a peut-être un état, une industrie où elle réalise des bénéfices : il ne faut pas qu'elle soit tenue de remettre les biens qui lui adviennent ou les fruits de son travail en des mains qui les dissiperaient, et pour cela il faut qu'elle puisse obtenir une séparation de biens.

L'épouse a le même droit sous tous les régimes matrimoniaux ; mais, dira-t-on, sous la séparation de biens contractuelle, à quoi bon une séparation judiciaire ? Les patrimoines des époux ne sont-ils pas déjà divisés ? Même sous ce régime, une séparation judiciaire est permise et peut présenter un avantage réel. En effet, sous la séparation de biens conventionnelle, la femme doit verser entre les mains de l'époux une portion de ses revenus, dont son contrat fixe la quotité, et à défaut de clause à cet égard, cette portion est limitée au tiers (1337 C. N.). Mais cette obligation serait désastreuse pour l'épouse, si le mari qui perçoit les deniers les gaspillait au jeu ou en libertinage ; en pareil cas, la femme aura la ressource d'une séparation judiciaire pour s'affranchir de son obligation, et séparée judiciairement elle contribuera seulement aux frais du ménage, suivant ses facultés et celles de son mari (1448 C. N.).

On le voit, la séparation de biens judiciaire est une arme que la loi dépose entre les mains de la femme et que celle-ci peut toujours faire reluire aux yeux du mari, lorsqu'il est incapable ou indigne de protéger l'intérêt commun.

2° *Renonciation à la communauté.* — La communauté se dissout et la femme n'a pas usé du droit de contrôle dont la loi lui confiait l'exercice. Elle ignorait peut-être que les affaires de son mari étaient mauvaises, qu'une catastrophe était imminente ; peut-être aussi reculait-elle devant le scandale d'un procès, devant le trouble qui pourrait en résulter pour l'harmonie du ménage ; elle a manqué de zèle ou de fermeté lorsqu'une résolution énergique aurait sauvé sa fortune, et actuellement la ruine est consommée, le passif excède l'actif, tous les biens de la communauté ne suffiront pas à satisfaire les créanciers. Une grave question se présente : faut-il décider que la femme sera tenue d'accepter la communauté et qu'elle répondra de toutes les dettes, même sur ses biens personnels ?

Autrefois la veuve était forcée de payer les dettes de son mari décédé, même sur sa propre fortune, et si la pauvreté l'en empêchait, elle ne pouvait se remarier, à moins que le second mari n'acquittât les obligations du premier. Mais les femmes nobles obtinrent un privilége qui bientôt s'étendit aux épouses roturières, celui d'écarter les dettes en renonçant aux meubles. « On dit communément que la femme noble a le droit de prendre tous les meubles et de payer toutes les dettes, ou de renoncer aux meubles pour être quitte des dettes » (Grand coutumier).

Une cérémonie singulière accompagnait cette renonciation : le jour des funérailles, la veuve suivait le convoi jusqu'au lieu de la sépulture, portant une ceinture au côté et tenant à la main les clefs de la maison. Arrivée près de la fosse, elle laissait tomber l'emblème du travail, la ceinture, montrant par là

qu'elle n'entendait pas profiter du labeur commun ;
puis elle jetait sur la tombe le trousseau de clefs,
symbole des meubles dont les clefs sont les gar-
diennes, exprimant ainsi sa volonté de renoncer aux
meubles, et en même temps de se décharger des
dettes. Malgré cette renonciation, on lui permettait
d'emporter certains souvenirs : son plus beau lit
garni, sa plus belle robe, ses plus belles parures, les
vêtements qu'elle avait portés pendant la dernière ma-
ladie de son mari [1].

Ce droit de renonciation, dépouillé des usages qui
l'entouraient jadis, existe encore aujourd'hui sous le
régime de communauté. L'épouse a le droit de répudier la communauté et de se décharger ainsi des obligations qui la grèvent (1453, 1492 et suiv. C. N.).

C'est un privilége établi en sa faveur comme contre-
poids à l'autorité maritale, droit si essentiel aux yeux
de la loi, que la femme ne peut jamais l'abdiquer, ni
par une clause de son contrat, ni dans le cours du
mariage. Sa situation est plus avantageuse que celle
du mari ; celui-ci, en effet, doit toujours accepter la
communauté, qu'elle soit bonne ou mauvaise ; il ne
lui est pas permis de répudier une administration qui
est la sienne et dont il est responsable, même sur ses
biens personnels ; mais l'épouse exerce un droit d'option : la communauté est-elle bonne, elle l'accepte et
participe aux bénéfices ; la communauté est-elle
obérée, elle y renonce et s'affranchit du fardeau des
dettes. Cette décision n'est que juste, d'ailleurs ; on
ne saurait sans iniquité faire retomber tous les périls

---

1. Legouvé, *Hist. mor. des femmes*, liv. 3, ch. 2; Grand coutumier;
Beaumanoir, ch. 14.

de l'association sur celle qui ne l'a point dirigée, qui n'y a joué qu'un rôle subalterne.

Ainsi, l'épouse qui renonce à la communauté se décharge des dettes, mais elle perd, dit l'art. 1492, toute espèce de droit sur les biens qui la composent, et même sur le mobilier qui y est entré de son chef. Cependant, on lui permet de retirer ses linges et hardes ; on a considéré qu'il serait trop dur de la condamner à perdre jusqu'à ses vêtements, en cas de renonciation. Il est peut-être des objets auxquels elle attache un prix d'affection bien supérieur à leur valeur réelle, et la seule perspective de les abandonner et de les voir vendre, l'eût déterminée quelquefois à accepter une communauté mauvaise.

Mais elle n'a point droit à la conservation de ses bijoux ; ce sont là des objets de luxe qui ont souvent une grande valeur, et dont l'achat a pu contribuer à ruiner le mari. Il ne faut pas que la femme étale insolemment ses parures aux yeux des créanciers qui en ont fourni le prix. Cependant, on lui permet de conserver son anneau nuptial, le plus touchant souvenir de son mariage. Des jurisconsultes lui accordent même la faculté de retirer sa montre, et enfin il a été décidé qu'on devait lui laisser sa tabatière.

3° *Du droit qu'a la femme de ne payer les dettes de la communauté que dans la mesure de son émolument.*

La renonciation à la communauté destinée à tempérer le pouvoir marital présente des avantages réels ; mais elle offre aussi quelques inconvénients : elle répand un jour trop lumineux peut-être sur les affaires de l'association conjugale ; si la communauté est dissoute par une séparation de corps ou de biens, une

renonciation ne peut qu'affaiblir ou ruiner complète-
ment le crédit du mari ; si le mari est décédé, elle
constitue pour sa mémoire une sorte de flétrissure
qu'une femme de cœur doit s'efforcer de prévenir. En
outre, il n'est pas toujours facile de savoir immédiatement si la communauté est bonne ou mauvaise ; les
affaires sont quelquefois très-embrouillées, et l'on
peut se méprendre sur leur état. Par ces motifs
divers, la loi accorde à la femme une autre ressource
que celle d'une renonciation.

En principe, de même que les époux se partagent
l'actif de la communauté, de même ils supportent les
dettes chacun pour moitié. Rien de plus équitable, si
la communauté est solvable ; mais il est possible que
le passif dépasse l'actif, et alors voici le danger auquel
la femme est exposée. L'actif se compose de 20,000 fr.,
les dettes s'élèvent à 30,000 fr. ; tout se partage par
moitié : que va-t-il se produire ? La femme reçoit un
lot de 10,000 fr., mais elle a 15,000 fr. de dettes à
payer ; il lui faudra donc prendre sur ses biens personnels une somme de 5,000 fr. pour satisfaire les
créanciers de la communauté. Sans doute, elle aurait
pu renoncer à la communauté et éviter ce préjudice,
mais elle ne l'a pas fait, soit par erreur, soit volontairement. C'est ici que la loi vient à son secours par
un nouveau privilége (1483 C. N.).

L'épouse fera constater, par un bon et fidèle inven-
taire, les forces de la communauté ; elle justifiera
qu'elle n'a pris dans l'actif que 10,000 fr. et que les
dettes tombées à sa charge sont de 15,000 fr. ; à l'aide
de cette preuve, elle versera aux créanciers, non pas
15,000 fr., mais seulement ce qu'elle a recueilli dans

la communauté, c'est-à-dire 10,000 fr.; en d'autres termes, elle ne sera tenue aux dettes que *dans la limite de son émolument*. Cet émolument est de 10,000 fr., elle ne paiera que 10,000 fr. Le bénéfice que la loi lui confère ici donne lieu sans doute à des restrictions, à des complications ; mais, considérée en elle-même, l'idée est très-simple et l'avantage qu'elle renferme est évident. Nous voyons encore là un tempérament apporté aux conséquences dangereuses de la puissance maritale.

4° *Du droit qui appartient à la femme d'exercer ses reprises avant son mari.* — Supposons la communauté solvable ; il n'y a pas de dettes ou il y en a peu, et il existe une masse commune que les époux vont se partager. Mais chacun d'eux a des reprises à exercer ; viendront-ils concurremment? Non ; la femme passera avant le mari (1471 C. N.), et voici l'avantage qui résulte pour elle de cette préférence. La masse commune est comme ci-dessus de 20,000 fr. ; mais chaque époux a droit à une reprise de 15,000 fr. provenant par exemple de la vente de biens propres dont le prix est tombé dans la communauté. La femme prélévera ses 15,000 fr. sur les 20,000 fr. qui composent l'actif commun, et comme il ne reste que 5,000 fr., le mari devra s'en contenter, bien qu'il soit créancier de 15,000 fr. Dans l'espèce, l'avantage de la femme à passer la première est très-certain, puisqu'elle recouvre tout ce qui lui est dû, tandis que le mari perd 10,000 fr.

La loi va plus loin : si les biens de la communauté sont insuffisants pour couvrir les reprises de la femme, celle-ci exerce ses droits même sur les biens

personnels de son mari. Ainsi, dans l'exemple précédent, si la masse commune n'est que de 10,000 fr.,
l'épouse, étant créancière de 15,000 fr., prendra
d'abord les 10,000 fr. de la communauté et comme il
lui est dû encore 5,000 fr., elle se les fera payer sur
les biens propres de son mari. Celui-ci au contraire
n'a jamais de recours sur les biens propres de sa
femme ; quand il ne trouve pas dans la communauté
de quoi se rembourser, il perd ses reprises (1472
C. N.).

Encore un privilége qui peut quelquefois sauver la
fortune de la femme et adoucir les effets d'une
mauvaise administration.

5° *Hypothèque légale de la femme mariée.* — Tout le
monde sait que l'hypothèque est l'une des garanties
les plus sérieuses qu'un créancier puisse acquérir
sur les biens de son débiteur. Ainsi, vous me devez
10,000 fr., et vous m'avez concédé un droit hypothécaire sur le seul immeuble que vous possédiez,
lequel a une valeur exacte de 10,000 fr. Grâce à mon
hypothèque, je ne cours aucun risque de perdre ma
créance ; j'ai un droit réel sur votre fonds, un
jus in re, et quoi que vous fassiez, votre bien ne peut
m'échapper ; si vous l'aliénez, mon droit le suivra
entre les mains de l'acquéreur ; si vous l'hypothéquez
à d'autres créanciers, je suis le premier et je serai
préféré à tous [1] ; si vous contractez pour 20, 30 ou
40,000 fr. de dettes chirographaires, elles ne pourront me nuire, car le prix de l'immeuble me sera

---

1. Il existe, il est vrai, des *priviléges* qui priment même les hypothèques ;
mais les créances privilégiées ne se présentent pas toujours ; d'ailleurs,
elles n'ont en général que peu d'importance.

d'abord attribué dans la limite de ma créance, et si j'absorbe tout, les créanciers chirographaires ne recevront aucun dividende.

Eh bien, c'est un droit de ce genre que la loi accorde à la femme mariée sur tous les immeubles de son mari. Il n'est même pas nécessaire que le contrat de mariage contienne une clause à cet égard ; l'hypothèque est légale, c'est-à-dire qu'elle existe par la seule force de la loi. Cette sûreté n'est pas, évidemment, pour l'épouse un remède à tous les maux ; si le mari n'a pas de biens immobiliers, il n'y a même pas d'hypothèque possible, puisque l'hypothèque ne frappe jamais que les immeubles ; mais le plus souvent le mari possédera des fonds de terre, des maisons, en un mot une fortune immobilière, et alors les reprises de la femme seront garanties, qu'elles résultent des conventions matrimoniales ou de créances nées pendant le mariage (2121 1°, 2135 2° C. N.).

Cette hypothèque légale sur les biens de l'époux est encore une institution salutaire dont le but est de paralyser les désordres et les dissipations qui compromettraient les droits de la femme.

CONCLUSION.

Le pouvoir de l'homme dans l'association conjugale s'est déroulé devant nous depuis la plus haute antiquité jusque dans le droit moderne. Le tableau qui est passé sous nos yeux est bien imparfait, sans doute, et bien incomplet ; on eût pu l'enrichir de nombreux détails, mais ces grandes lignes nous suffisent pour apercevoir la puissance maritale dans son développement historique, pour juger ce qu'elle fut et ce qu'elle est.

A Rome, elle était une branche de la puissance paternelle ; le chef de famille tenait dans sa main sa femme et ses enfants, et l'on avait imaginé cette étrange formule : l'épouse est comme la fille du mari, *loco filiæ habetur*. Dans les mœurs et l'esprit du temps cette puissance avait en elle-même son explication : la souveraineté domestique était un droit pour le père, et par conséquent pour le mari ; elle lui était due, elle formait son apanage naturel et ne devait s'éteindre que par la mort de celui qui l'exerçait ou de ceux qui la subissaient, sauf certains cas extraordinaires. Ce n'est pas avec ces idées qu'on eût confié à l'épouse un droit de contrôle, un pouvoir quelconque sur les actes du chef ; c'eût été ébranler l'autorité paternelle, bouleverser la famille et saper les bases de la société romaine. Il est vrai que dans les siècles de décadence, sous les derniers empereurs, ces rigueurs s'adoucirent ; mais ce n'est pas à cette époque qu'il faut se placer pour apprécier dans leur vérité les institutions du peuple romain.

Chez nous, la puissance maritale n'est pas une émanation de la puissance paternelle ; elle n'a pas non plus pour fondement le droit même de celui qui l'exerce. Malgré des divergences à cet égard, elle repose sur l'intérêt commun des époux. Le mari est le chef de la société conjugale, non pas qu'il soit un être supérieur à la femme, non pas qu'un hommage

soit dû à sa qualité d'homme, non pas que la femme
soit une créature subalterne, mais parce qu'il faut
dans la famille une direction et que l'homme, par sa
nature, par ses habitudes, par ses goûts, est plus
apte à tenir cette direction. Ainsi, l'intérêt commun
des époux, voilà le but que l'on se propose; une direction unique dans la famille, voilà le moyen pour
atteindre le but; une prééminence confiée à l'homme,
voilà la force qui doit mettre en pratique le moyen.
Hors de ces idées, on ne peut expliquer ni surtout
justifier la puissance maritale; on tombe dans des
théories injurieuses pour l'homme autant que pour la
femme : celui-là dicte la loi, et, comme le lion de la
fable, il se réserve la meilleure part, celle-ci doit
subir cette loi sans se plaindre jamais; l'un est un
égoïste et un tyran, l'autre une esclave humiliée.

L'intérêt commun des époux, tel est donc le principe culminant, le *criterium* auquel l'esprit doit se
rattacher, le fanal que l'œil ne doit pas perdre de vue
si l'on étudie la puissance maritale dans ses causes et
dans ses effets. Tant que la loi se tient dans les limites
de cet intérêt, elle est juste et bonne; si elle s'en
écarte, elle est arbitraire et inique, car elle fait prévaloir l'avantage de l'un sur celui de l'autre. Comme
conséquence de ces notions fondamentales, nous rencontrons immédiatement l'incapacité civile de l'é-
pouse; cette incapacité est nécessaire, car si la direction des intérêts communs est légitimement conférée
à l'homme, elle ne peut pas, elle ne doit pas l'être
à la femme. Autrement, on introduirait dans l'association deux pouvoirs égaux et, par suite, la riva-
lité, la lutte, l'anarchie. Mais cette règle, admise

en théorie, aura des cas nombreux d'application dans lesquels elle deviendrait oppressive, si on ne la restreignait en consultant toujours les droits naturels et ineffaçables de toute créature humaine, c'est-à-dire ici de la femme. C'est ainsi que, malgré son incapacité, l'épouse pourra faire son testament.

Lorsque je parle d'intérêt commun, j'entends à la fois l'intérêt moral et l'intérêt pécuniaire; or, dans la société conjugale, l'intérêt est tantôt purement moral, tantôt moral et pécuniaire, tantôt purement pécuniaire. Le principe de la suprématie maritale, considéré en lui-même, et les effets qu'il produit sur la personne de l'épouse, par exemple le droit d'élire la résidence commune, se rattachent à l'intérêt purement moral; l'incapacité de la femme et ses conséquences, telles que le consentement du mari autorisant une vente ou une donation tiennent en même temps de l'intérêt moral et de l'intérêt pécuniaire; enfin, les conventions matrimoniales stipulées dans le contrat de mariage se lient exclusivement à l'intérêt pécuniaire.

En ce qui touche l'association purement pécuniaire des époux, que rencontrons-nous dans nos lois? Ce que nous devons y rencontrer : une entière liberté dans la confection du contrat de mariage, toutes les fois que les parties respectent la morale, l'ordre public, les principes fondamentaux de la société et au premier chef la puissance maritale. C'est surtout, en effet, à cette dernière institution que le contrat de mariage pourrait porter atteinte.

Est-ce à dire que notre législation matrimoniale soit parfaite? Personne, je crois, n'oserait l'affirmer,

Les critiques sont vives et nombreuses à cet égard ;
j'en ai signalé quelques-unes seulement, tantôt pour
les rejeter, tantôt pour les admettre. Il est certain,
notamment, que la communauté légale, telle qu'elle
est organisée par le Code, présente de graves dangers,
bien que la loi nous la donne comme le meilleur des
régimes. Mais à côté du mal est placé le remède, puisque les parties la peuvent modifier suivant leurs intérêts, suivant les circonstances. On pourrait désirer
que la loi offrît un régime de droit commun applicable sans injustice et sans périls à toutes les hypothèses, mais on conçoit que cela est très-difficile, sinon
impossible. Après tout, les futurs qui sont riches ne
peuvent-ils pas faire un contrat de mariage? Quant à
à ceux qui n'ont rien, ils ne craignent guère de voir
leurs intérêts compromis ; ils peuvent s'abstenir. Il
est possible, cependant, que des biens leur adviennent par la suite ; ainsi, même dans ce dernier cas, les
dispositions du droit commun ne laissent pas d'offrir
quelques dangers.

Le régime sans communauté qui restreint les droits
du mari sur les biens de la femme, la séparation de biens
qui les fait presque disparaître, forment dans le Code
un appoint nécessaire au régime de communauté et
présentent souvent de grands avantages. Le régime
dotal est aussi une institution excellente que l'antiquité
a consacrée et que le droit moderne doit conserver. On
a voulu supprimer ce régime, c'eût été une grande
faute ; il est dans les mœurs de beaucoup de contrées,
il assure la conservation de la dot et l'avenir des enfants, il n'entraîne pas, comme la communauté, une

15

liquidation compliquée ; tout cela n'est certes pas à dédaigner.

Généralement, la communauté plaît davantage : elle sourit le plus souvent aux futurs époux, qui la trouvent plus conforme à leurs sentiments et à leurs idées. Cependant il faut bien dire la vérité : avec son masque d'union intime, elle est un peu léonine au profit de l'homme ; c'est certainement sous ce régime que l'épouse a les droits les moins étendus. Elle a l'espoir de partager un jour le fonds commun s'il n'est pas dissipé ; mais, durant le mariage, elle n'exerce aucun droit ; elle n'administre même pas ses biens personnels.

Mais, je m'empresse de le dire, ce ne sont là que des critiques de détail, des défectuosités auxquelles le contrat de mariage peut toujours remédier. Notre législation matrimoniale pourrait recevoir des perfectionnements sur tel ou tel point ; mais, dans son ensemble, elle mérite nos éloges. Elle n'est pas, d'ailleurs, comme quelques personnes, en dehors des jurisconsultes, seraient portées à le croire, une œuvre improvisée en quelques mois de discussion parlementaire. Une législation ne s'improvise pas ; elle est le fruit du travail des siècles, dont chacun apporte sa pierre à la construction de l'édifice ; ses causes premières sont les besoins des sociétés, l'état des mœurs et surtout les passions des hommes ; ses auteurs véritables, ce sont les puissants génies qui, de temps en temps, éclairent les générations de leur science profonde, et on lit sur ses frontispices les noms de Gaius, Paul, Ulpien, Papinien, venant, à travers les âges, s'unir à ceux de Cujas, Pothier, Dumoulin, d'Aguesseau. Ainsi s'est produit l'enfantement de nos lois, et, au commencement du siècle, lorsque nos Codes ont paru, nos législateurs n'ont eu qu'à tirer de l'ombre le monument pour le présenter à l'admiration des peuples. Tout n'est pas achevé, sans doute, car l'édifice des lois n'est jamais couronné; mais ce n'est qu'avec respect, j'ajouterai avec crainte, que l'on doit y porter la main.

On veut, de nos jours, réformer le Code matrimonial; ce travail est encore à l'état latent, il se produit dans les esprits avant d'entrer dans les faits. Je ne crois pas que l'on doive condamner cette tendance; c'est le devoir du présent d'améliorer le passé; mais, dans un pareil sujet, il faut se rappeler que nos institutions nous viennent des générations successives et qu'elles doivent protéger toujours la dignité de l'homme, celle de la femme, l'harmonie et la prospérité du foyer domestique.

POSITIONS.

DROIT ROMAIN.

I. — La loi *Julia* prohibait l'aliénation du fonds dotal sans le consentement de la femme, et l'hypothèque même avec ce consentement.

II. — Sous Justinien, le mari avait la propriété civile de la dot, la femme en avait la propriété naturelle.

III. — A Rome, la dot mobilière n'était pas soumise à la prohibition de la loi *Julia*.

IV. — Pendant le mariage, l'épouse ne pouvait engager valablement ses immeubles dotaux.

DROIT FRANÇAIS.

I. — L'adultère du mari n'est pas moins grave que celui de l'épouse.

II. — La femme de l'interdit n'a point son domicile chez le tuteur de son mari.

III. — L'incapacité de la femme mariée a pour fondement l'intérêt commun des époux.

IV. — L'épouse peut entreprendre un commerce avec l'autorisation de la justice, mais seulement lorsque le mari est dans l'impossibilité physique ou morale de manifester un consentement régulier.

V. — La dot mobilière est aliénable.

VI. — Lorsqu'une société d'acquêts est jointe au régime dotal, la femme conserve l'administration de ses paraphernaux.

TABLE DES MATIÈRES.

PREMIÈRE PARTIE.

DE LA PUISSANCE MARITALE CHEZ LES ROMAINS.

—

PRÉLIMINAIRES.

DEUXIÈME PARTIE.

DE LA PUISSANCE MARITALE DANS LE DROIT CIVIL FRANÇAIS.

PRÉLIMINAIRES.

LIVRE PREMIER.

DES POUVOIRS DU MARI SUR LA PERSONNE DE LA FEMME.

——

LIVRE DEUXIÈME.

DES POUVOIRS DU MARI SUR LES BIENS DE LA FEMME.

POITIERS. — TYPOGRAPHIE DE HENRI OUDIN.

POITIERS
TYPOGRAPHIE OUDIN.

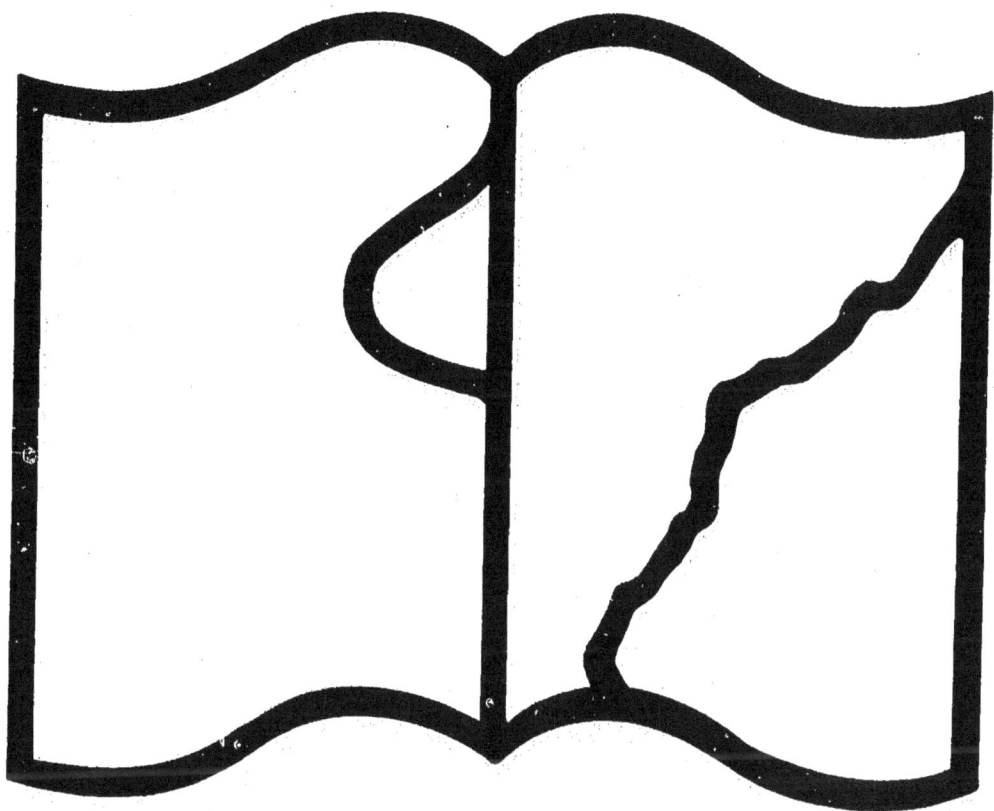

Texte détérioré — reliure défectueuse

NF Z 43-120-11

www.ingramcontent.com/pod-product-compliance
Lightning Source LLC
Chambersburg PA
CBHW071656200326
41519CB00012BA/2527